ちくま学芸文庫

風姿花伝

世阿弥
佐藤正英 校注・訳

筑摩書房

目次

凡　例

一、『風姿花伝』『夢跡一紙』『金島書』の本文は、原則として表章・加藤周一『世阿弥・禅竹』(日本思想大系24、岩波書店、一九七四年)所収の表章校訂本に依拠した。

一、通読の便宜を図って、以下の方針に基づいて整定を試みた。

(1)全体を漢字混じり平仮名文と見做し、仮名遣いの統一を図った。

(2)漢字の表記は現行の字体とした。

(3)適宜、宛て漢字、送り仮名、振り仮名、濁点、読点、傍点を付した。繰り返し符号は、々、ゝ、〳〵を使用した。

(4)引用の部分は「　」を付し、その「　」内の引用には『　』を使用した。

(5)本文に文字が欠けている場合は［　］で補った。［　］は補説にも使用した。

(6)適宜改行を試み、段落を設けた。

(7)『金島書』の現代語訳において、拍子に合って謡われる部分に〽を、拍子に合わない部分に〽を冠し、コトバの部分には行頭に「を用いて区別した。

一、語句の注解は、注を付す語句の末尾の傍にアラビア数字の注番号を(　)で括って示した。振り仮名がある場合はその下に注番号を付した。読者の便宜を考慮し、反復を厭わなかった。

一、本文の内容理解に資すべく、［補説］の項を設け、内容の摘記や後年の伝書である『花鏡』『至花道』の関連する記述をとりあげた。

一、現代語訳は、本文に即して理解すべく、語句を適宜補うなどして訳文だけでも読解できるように試みた。

小西甚一氏、表章氏、田中裕氏をはじめ先学諸氏の学恩に負うところが多く、感謝いたします。

風姿花伝

風姿《ふうし》花伝《くわでん》

[序]

夫《それ》(1)申楽《さるがく》(2)延年《えんねん》(3)の事態《ことわざ》(4)、其源《そのみなもと》を尋ぬるに、或《あるい》は仏在所(5)より起こり、或は神代《かみよ》より伝はるといへども、時移り代隔《よへだ》たりぬれば、其風《そのふう》を学《まな》(6)ぶ力及びがたし。近頃《ちかごろ》万人《ばんにん》のもてあそぶところは、推古天皇の御宇《ぎよう》(7)に聖徳太子秦河勝《はだのかうかつ》(8)に仰せて、且《かつ》は天下《てんが》(9)安全のため、且は諸人《しよにん》快《け》楽《らく》のため六十六番の遊宴《いうえん》を成して(10)申楽と号《がう》せしより以来《このかた》、代々の人風月《ふげつ》の景を仮《か》つて(11)此《この》遊びの中《なか》だち(12)とせり。其後《のち》、かの河勝の遠孫《えんそん》この芸を相続ぎて春日《かすが》、日吉《ひえ》(13)の神職《しんしよく》(14)たり。仍《よつて》和《わ》州《しう》、江州《がうしう》の輩《ともがら》(15)両社の神事《じんじ》に従ふこと今に盛《さかん》なり。

されば(16)、古きを学び、新しきを賞《しやう》する中《うち》にも、全く(17)風流《ふうりう》(18)をよこしまにすること(19)なかれ。

ただ言葉(20)卑しからずして姿幽玄《いうげん》(21)ならんを、うけたる(22)達人(23)とは申すべき哉《や》。

まづ(24)、この道に至らん(25)と思はん者は非道(26)を行ずべからず。但《ただし》、歌道(27)は風月延年のかざりなれば、尤《もつとも》(28)これを用《もち》ふべし。

凡《およそ》(29)若年《じやくねん》より以来《このかた》見聞き及ぶところの稽古(30)の条々《でうでう》、大概《たいがい》注《しる》し置くところなり。
一、好色《かうしよく》(31)、博奕《ばくえき》(32)、大酒《おほざけ》、三重戒(33)。是古人《これこじん》(34)掟《のおきて》なり。
一、稽古《けいこ》は強かれ、情識《じやうしき》(35)は無かれ、となり。

（1）夫　そもそも。漢文訓読系の文を新しく始めるときに置く辞。／（2）申楽　安穏豊穣をもたらす神・仏の祭祀である神・仏事としての猿楽。世阿弥は猿楽を「申楽」と表記する。ただし本文以外では通行に従い改めた。／（3）延年　遐齢延年《かれいえんねん》。寿命が延び長寿であるめでたいありよう。／（4）事態　修するさま。営為。しわざ。／（5）仏在所　釈迦仏が生まれた天竺（古代インド）。／（6）風を学ぶ　様態を習い学んで再現する。「風」はならわし。様式。遣り方。／（7）御宇　時代。／（8）秦河勝　猿楽の創始者。／（9）天下《てんが》　世の中、世間、世俗世界。／（10）六十六番の遊宴を成して　六十六曲の楽曲を奏し、歌を歌って。／（11）風月の景を仮つて　花鳥風月によって遊宴をかたどりいろどって。「仮つて」は借りて。／（12）中だち　たすけ。両者の中間に立ち関係を成立させること。／（13）春日、日吉　南都の興福寺・春日神社、北嶺の延暦寺・日吉神社。／（14）神職　神人《じにん》。神・仏の祭祀である神・仏事を修する下層の神職者。／（15）和州、江州の輩　大和猿楽四座、近江猿楽三座の同輩。／（16）されば　それゆえ。それだから。そういう次第であるから。さて。ところで。話題を転換させるときに置く辞。／(17) 全く （下の打消の辞と呼応して）決して。全然。／(18) 風《ふう》流《りう》 美風のなごり。みやびやかなさま。風雅な神楽という遺風。残っている伝統。／(19) よこしまにする 曲げる。道理から外れさせる。「よこしま」は横向きであること。正しくないこと。曲っていること。／(20) 言葉 語られ謡われる言葉。／(21) 幽玄 優雅な。やさしく、柔らかで美しい。趣きのある美麗な。深い味わいがある。／(22) うけたる 「承く」＋存続の助動詞「たり」の連体形。伝統を継いでいる。遺風を伝承している。／(23) 達人 熟達し、究極の域に達した猿楽の修者。／(24) まづ なにはともあれ。なんといっても。とりあえず。他のことよりさきに。／(25) この道に至らん 猿楽を極める。／(26) 非道 猿楽以外のさまざまな芸能。／(27) 歌道 和歌の習い学び。／(28) 尤 とりわけ。いかにも。／(29) 凡《およそ》だいたい。おしなべて。一般に。／(30) 稽古 習い学ぶこと。練り磨き修練すること。修を積み重ねること。／(31) 好色 遊女に入れ揚げること。／(32) 博奕 ばくち。金品を賭けた勝負ごと。／(33) 三重戒 三種の重い禁戒。仏教に十重戒がある。／(34) 古人 昔の猿楽の修者。観阿弥をさす。『申楽談儀』に「好色、博奕、大酒、鶯飼うこと、これは清次（観阿弥）の定《ぢやう》なり」と伝える。／(35) 情識 慢心に基づく頑迷な見解。強情なこと。わがまま。身勝手。仏教語。

そもそも寿命の延びるめでたいありようをもたらす神・仏の祭祀としての神・仏事である猿楽を修することの始源を問い尋ねると、釈迦仏の生まれた天竺に始まったとも、神代から伝わったともいわれるが、時代が移り変わり遥かに隔たった昔のことであって、その様態を習い学ぶことは不可能である。現今人々が興じ親しむ神・仏事は、推古天皇の代に聖徳太子が秦河勝《はだのかうかつ》に命じて、一つは世の中が安穏であるように、一つは人々がよろこび楽しむように、六十六曲の楽曲を奏し、歌を歌って猿楽（申楽）と名付けて以来、遊宴を花鳥風月でかたどりいろどった神・仏事である。その後秦河勝の末々の子孫が猿楽を相承して、興福寺・春日神社、延暦寺・日吉神社の神人《じにん》（下級の神職者）になった。それで大和猿楽四座、近江猿楽三座の同輩が、現今これらの寺社の神・仏事の実修に参与しているのである。

そういう次第であるから、古い様態を習い学び、新しい様態を賞美するに際し、風雅な神楽の遺風から決して逸脱してはならない。謡いの言葉が卑俗でなく、容姿が幽玄（優雅）である修者を、遺風を伝承し熟達の域に達した修者であるというべきであろうか。

なにはともあれ、猿楽を極めようとする修者は猿楽以外の芸能に携《たずさわ》ってはならない。ただし、和歌は花鳥風月が寿命の延びる長寿のありようをかたどりいろどるので習い学ぶがよい。

だいたい若い時以来見聞してきた猿楽の習い学びの条々のあらましを書きしるして置こう。

一、遊女に入れ揚げること、ばくち、大酒、この三つは重い禁制であり、先人の戒めである。
一、猿楽の習い学びに努めよ。慢心に基づく頑迷な見解を抱いてはならない。

［補説］

猿楽は神・仏の祭祀に関わる神・仏事である。聖徳太子は、神代および天竺の神・仏事を承けて、「天下安全」「諸人快楽」を祈って面《めん》を制作し、秦河勝に遊宴を命じた。秦河勝は、楽曲を奏し、歌い、遊宴を修した。六十六番の遊宴は猿楽と名づけられた。

秦河勝の子孫は、南都の興福寺・春日神社、北嶺の延暦寺・山王神社の神人（じにん、じんにん）として、神・仏の祭祀に従事して猿楽を修した。神人は神・仏を祀る上級の神官に従属している下層の神職者である。

神人として猿楽を修する修者は猿楽以外の芸能に携わってはならない。神代および天竺における風雅な遊宴の遺風を承け継ぎ、体現しなくてはならない。

猿楽の風雅は花鳥風月に彩られている。猿楽の修者は、十全に祀られた天空の神・仏の形象である花鳥風月が詠われている和歌を学ぶべきである。

風姿花伝第一年来《ねんらい》(1)稽古条々《のけいこのでうでう》

七歳

一、この芸に於《お》いて大かた(2)七歳を以《も》て初《はじめ》とす。

この頃の能(3)の稽古かならずその者自然《しぜん》(4)とし出《い》だす(5)ことに得たる(6)風体《ふうてい》(7)あるべし。舞《まひ》、はたらき(8)の間《あひだ》(9)、音曲《おんぎよく》(10)、若《もしく》は怒《いか》れる(11)ことなどにてもあれ、風度《ふと》(12)し出《い》ださんかかり(13)をうちまかせて心のまま(14)にせさす(15)べし。

さのみに(16)良き、悪《あ》しきとは教ふべからず。あまりにいたく諫《いさ》むれば(17)、童《わらべ》(18)(19)は気を失《うしな》ひて能ものくさく(20)成りたち(21)ぬればやがて(22)能は止まるなり。

ただ(23)音曲、はたらき、舞などならではせさすべからず。さのみの物まねはたとひすべくとも教ふまじきなり。

大場《おほば》(24)などの脇の申楽(25)には立つべからず。三番、四番(26)の時分(27)のよからむずる(28)に得たらむ風体をせさすべし。

（1）年来　長い年月。多年。生涯を通しての。／（2）大かた　特別な事情がないかぎり。だいたいのところ。およそ。／（3）能　猿楽の核である猿楽能。／（4）自然と　おのずから。ひとりでに。もって生れた資質から。／（5）し出だす　「為《し》出だす」。為し始める。修し始める。／（6）得たる　「得」＋存続の助動詞「たり」の連体形。得意とする。身にそなわっている優れた。／（7）風体　姿かたち。姿ありさま。身なり。／（8）はたらき　しぐさ。動作。／（9）間　間合い。切れ目。／（10）音曲　謡曲を謡い、笛を吹き、鼓を打ち、楽を奏すること。／（11）怒れること　鬼や修羅、武人などの怒りを帯びた所作。／（12）風度　なにげなく。思いがけず。不意に。／（13）かかり　姿態から次の姿態、所作から次の所作への移りゆき、流れ。言葉の続きがら。／（14）心のままに　思うがままに。／（15）せさす　「為」＋使役の助動詞。やらせる。／（16）さのみに　ただそのようにばかり。ひたすらに。／（17）諫むれば　訓戒すれば。／（18）童　稚児《ちご》。髪を束ねずにばらばらのままにしている幼童。／（19）気　気力。やる気。／（20）ものくさく　おっくう。何となくいやで気が進まない。／（21）成りたち　はっきりと或る事態になる。立ちいたる。／（22）やがて　そのまま。まもなく。そのうちに。ただちに。／（23）ただ　（命令、意志を表わす辞と呼応して）とにかく。／（24）大場　主殿の前の広い庭。晴れがましい大規模な場。／（25）脇の申楽　式三番。『翁』に次いで、初番に修される猿楽能。／（26）三番、四番　初番（一番、二番）の脇の猿楽能（［序］）に続いて修される猿楽能（「破」）。最後に五番の猿楽能（「急」）が修される。／(27)時分　頃合。時機。時期。／(28)よからむずる　きっと適当であろう。形容詞「よし」（適当な）の未然形＋推量の助動詞「むず」の連体形。

七歳

一、猿楽においては特別の事情がないかぎり習い学びは七歳を初めとする。

この年頃の猿楽能の習い学びに稚児がおのずと修し始める所作に得意とする姿かたちが必ずあるであろう。舞、しぐさの間合、謡いや、音曲、あるいは怒りの身振りにせよ、なにげなく修し始める所作の移りゆきの流麗さを稚児にゆだねて思いのままに修させよ。いちがいに良い、悪いと教えてはならない。あまり厳しく訓戒すると、稚児は修する気をなくして猿楽能がおっくうになって、習い学びがそのまま停滞する。

とにかく音曲、しぐさのほかは修させてはならない。ひたすらな物まねはたとえ当人が修しても教えてはならない。

晴れがましい大規模な場で式三番（『翁』）に次いで修される脇（初番［序］）の猿楽能に稚児を出させてはならない。三番、四番（「破」）の適当である時機に得意とする姿かたちで修させよ。

［補説］

猿楽の修は式三番の修と猿楽能の修から成る。修の核は猿楽能の修である。猿楽の修者にとって猿楽能の習い学びの初めは七歳の幼い稚児の頃である。

稚児の修する舞、しぐさ、音曲、あるいは怒りの所作には、得意とするところがある。舞の手から舞の手への移りゆき、しぐさから次のしぐさへの移りゆき、音曲から次の音曲への移りゆき、あるいは怒りの所作に続く怒りの所作への移りゆきである「かかり」においのずからの趣きがある。

稚児に物まねを教えてはならない。また晴れやかで大規模な場における脇の猿楽能を修させてはならない。三番、四番の良い頃合に、得意とする姿かたちを修させよ。

十二、三より

この年の頃よりは、はや(1)やうやう(2)声も調子《てうし》(3)にかかり(4)、能も心づく(5)頃なれば、次第次第に物数《ものかず》(6)をも教ふべし。

まづ(7)、童形《とうぎやう》(8)なればなにとしたるも(9)幽玄《いうげん》(10)なり。声も立つ頃(11)なり。二つのたより(12)あれば、悪《わろ》き事は隠れ、良きことはいよいよ花めけり(13)。

大かた児《ちご》の申楽《さるがく》にさのみに細かなる物まね(14)などはせさすべからず。当座《たうざ》(15)も似合はず、能も上《あ》がらぬ相《さう》(16)なり。

但《ただし》、堪能《かんのう》(17)に成りぬれば何《なに》としたるもよかるべし。児といひ、声といひ、しかも上手(18)ならば何かは(19)悪かるべき。さりながら(20)、この花(21)はまことの花(22)にはあらず。ただ時分《じぶん》(23)の花なり。されば(24)この時分の稽古すべてすべて易《やす》き(25)なり。さる程《ほど》(26)に一期《いちご》の能の定め(27)には成るまじきなり。

この頃の稽古、易《やす》きところを花にあてて態《わざ》(28)をば大事に(29)すべし。はたらきをも確《たし》やか(30)に、音曲をも文字にさはさは(31)とあたり(32)、舞をも手を定めて(33)、大事にして稽古すべし。

(1) はや　すでに。はやくも。／(2) やうやう　だんだん。次第に。／(3) 調子　音曲の音階主音の高低。／(4) かかり　移りゆきに正しく合い、整うようになり。／(5) 心づく　気がつく。理解するようになる。興味や好意が起こる。／(6) 物数　物まねの対象である物の数々。女人、老人、物狂など。／(7) まづ　なにはともあれ。なんといっても。／(8) 童形　稚児姿。童水干《わらべすいかん》に袴を着け、ばらばらに垂れた髪に児眉《ちごまゆ》を引いた姿。／(9) なにとした

るも　どのように振舞おうと所作のすべてが。／(10) 幽玄　優雅な。やさしく、柔らかで美しい。趣きのある美麗な。／(11) 声も立つ　声もはっきりと快く響く。／(12) たよりたのみにできるもの。よりどころ。つて。／(13) 花めけり　今を盛りとはなやぐ。あでやかで観衆を惹きつける。「めく」は「……のようになる」「……らしくなる」の意。／(14) 細かなる立ち入って綿密な。きめ細かに行き届いている。／(15) 当座　その場。／(16) 相　様態。ありよう。今後の様子を予示する外面に現れたすがた。／(17) 堪能　猿楽能の修に優れた才能をもっていること。上手。仏教語。／(18) しかも　そのうえ。そればかりか。／(19) 何かは　反語。どうして……か。／(20) さりながら　そうではあるが。しかし。／(21) 花　猿楽能において成就される究極の様態であるところの観衆を魅するあでやかさ。美麗さ。「華」の俗字。／(22) まことの花　生涯を通して体現する真実の「花」。／(23) 時分　とき。ころおい。時期。／(24) されば　それゆえ。そういう次第であるから。それだから。／(25) 易き　造作もない。容易である。さりげなくあるがまま。／(26) さる程に　そうしている内に。そういう次第で。そういう事情であるから。／(27) 定め　確定すること。／(28) 態　舞、しぐさ、謡い、音曲などの所作。／(29) 大事に　おろそかにすることなく大切に。／(30) 確やか　確かであるさま。「やか」は接尾語。／(31) さはさはと　はっきりと明瞭に。すらすら。／(32) あたり　触れ、発音し。／(33) 手を定めて　舞の型、所作をしっかりきめて。「手」は手だて。手段。

十二、三歳より

この年頃からは、はやくも声もだんだんと音階に合うようになり、猿楽能の修もわきまえるようになる頃であるから、順を追って物まねの物の数々を教えるがよい。なにはともあれ、稚児姿であるからどのように所作しようと幽玄（優雅）である。声もはっきりと快く響く時期である。二つのたのみになる容姿と声とがあって、悪いところは目に立たず、良いところはますますあでやかである。

特別な事情がないかぎりいちがいに立ち入って綿密な物まねを修させてはならない。その場にも似合わないし、猿楽能も上達しないありようである。

ただし、修に優れた才能をもっているならばなにを修してもよいであろう。稚児姿といい、声の快さといい、そのうえ上手であるならばどうして悪かろう。そうではあるが、この「花」は生涯を通して体現するあでやかさであるところの真実の「花」ではない。ただこの時期の「花」である。それゆえこの年頃の習い学びは万事無理なく容易である。そういう事情であるから生涯を通しての猿楽能の修の様態を確定することにはならない。

この頃の習い学びは無理なくできることを「花」に対応させて所作をおろそかにすることなく大切にすべきである。しぐさを確かなものとし、文辞に即して謡曲をはっきりと明瞭に謡い、型をしっかりきめて舞い、大切に習い学ぶがよい。

［補説］

垂れた髪に児眉《ちごまゆ》を着けた稚児姿の舞、しぐさは優雅で、謡いの声も旋律に合って快く響く。何気ない修はあでやかで、観衆を魅する。「花」が現出する。だがこの「花」は時分の「花」である。修者が生涯を通して体現する真実の「花」ではない。「花」は猿楽能の成就で、あでやかさ、美麗さとして現出し、「面白き」「珍しき」で観衆を魅する。詳しくは第七「別紙口伝」参照。なお「花」の類語に「花やか」「花めく」が見出される。

舞の手を決め、しぐさを確かなものとし、言葉をはっきりと謡うべく習い学ぶがよい。物まねは順次教えてもよい。

十七、八より

この頃はまた(1)あまりの(2)大事(3)にて、稽古多からず。

まづ、声変はりぬれば第一の花失《う》せたり。体《てい》も(4)腰高《こしだか》になればかかり失せて、過ぎし頃の声も盛りに花やか[5]に易かりし時分の移りに、手立[6]はたと[7]変はりぬれば気を失ふ。結句《けっく》[8]見物衆《しゅ》もをかしげなる[9]気色《けしき》[10]見えぬれば[11]、はづかしさと申し、彼是《かれこれ》[12]ここにて退屈《たいくつ》[13]するなり。

この頃の稽古には、ただ[14]指をさして人に笑はるるともそれをばかへりみず、内にて[15]は声の届《とつ》かんずる[16]調子にて宵《よひ》、暁《あかつき》[17]の声をつかひ、心中には願力を起こして[18]、一期《いちご》の堺《さかひ》[19]ここなりと、生涯にかけて能を捨てぬより外《ほか》は稽古あるべからず。ここにて捨つればそのまま能は止まるべし。

そうじて[20]調子は声によるといへども黄鐘《わうしき》、盤渉《ばんしき》[21]を以《も》て用《もち》ふべし。調子にさのみかかれば[22]身なり[23]に癖《くせ》出で来るものなり。また声も年寄りて損《そん》ずる相《さう》[24]なり。

（1）また　格別。とくに。／（2）あまり　過度。程度を越えていること。ひどく。／（3）大事　大変であること。容易ならないこと。／（4）体　容姿。姿かたち。／（5）花やか　際立って美しい。あでやか。／（6）手立　事を運ぶ遣りかた。方法。／（7）はたと　すっかり。まったく。変化が急激なさま。／（8）結句　ついには。あげくのはて。／（9）をかしげなる　滑稽な。笑うべきである。変だ。「げ」は外から見たところそのように見える意の接尾辞。／（10）気色　感じているらしい態度。そぶり。／（11）見えぬれば　見せるので。「見ゆ」は「見」＋「ゆ」（助動詞）の他動詞的用法と解する説に従う。／（12）彼是　あれやこれやで。／（13）退屈する　気力を失う。いやになってしまう。／（14）ただ　直接に。じかに。／（15）

内にて　家宅内で。私的に。／（16）届かんずる　無理なく届き、達し、出せるであろう。「んずる」は推量の助動詞「むず」（きっと……であろう）の連体形。／（17）宵、暁　日の暮れ、夜明け前。／（18）願力を起こして　神・仏に願を立て、神・仏の加護を祈って気力を奮い起して。／（19）一期の堺　生涯の分れ目。生涯の修のありようが定まる境涯。／（20）そうじて　一般に。およそ。だいたい。／（21）黄鐘、盤渉　黄鐘調は日本音楽の十二律における第八階（イ音）を主音とする旋律。盤渉調は第十階（ロ音）を主音とする旋律。／（22）かかれば　拘《こだわ》ると。掛かりきりになると。／（23）身なり　身体付き。身体の格好。「なり」は生まれつきの形。／（24）相　ありよう。様相。今後の様子を予示する外見。

十七、八歳より

この年頃はとくにひどく難しく大切で、習い学びは多くない。なんといっても、声変りして第一の「花」が失われている。容姿も腰高になって移りゆきの流麗さもなくなり、快い声やあでやかな容姿が観衆を魅したかつての無理のない時期が移り過ぎて、修しかたがまったく変るので修する気を失う。ついには観衆も滑稽に感じているらしいそぶりを見せるので、恥ずかしさも重なり、あれやこれやでここでいやになる。

この頃の習い学びは、直接に指差して観衆に笑われても意に介することなく、家宅内で日の暮れ方、夜の明け方に無理なく出せる声の高さで声を出し、心中に神・仏に願を立て、気力を奮い起し、生涯の分れ目はここであり、生涯を通して猿楽能を捨てまいと習い学ぶ外《ほか》はない。ここで捨てればそのまま猿楽能は止まるであろう。

一般に声の高さは生まれつきによるが、イ音を主音とする黄鐘調あるいはロ音を主音とする盤渉調で修するのがよいであろう。ひたすら声の高さに拘《こだわ》ると身体の格好に癖が出る。また声も年老いて傷《いた》む声になる。

［補説］

この年頃は声変りし、容姿も腰高になって生来のあでやかな「花」が失われる。

指差して観衆に笑われようとも意に介することなく、猿楽能の修を生涯捨てまいと神・仏に願を立て、気力を奮い起こし家宅内で朝夕、無理のない高さの声で謡い、習い学ぶがよい。

二十四、五

この頃一期《いちご》の芸能の定まる初《はじ》めなり。

さる程《ほど》(1)に、稽古の境《さかひ》(2)なり。声もすでに直(3)り、体《てい》も定まる時分なり。されば(4)この道に二つの果報《くわほう》(5)あり。声と身なりなり。これ二つはこの時分に定まるなり。年盛りに向かふ芸能の生ずるところなり。

さる程に、よそ目(6)にもすは(7)上手出で来たりとて人も目に立つ(8)るなり。もと名人(9)などなれども当座《たうざ》の花に珍しく(10)して、立合《たちあひ》勝負(11)にも一旦《いつたん》(12)勝つ時は、人も思ひ上げ(13)、主《ぬし》(14)も上手と思ひしむる(15)なり。これかへすがへす(16)主のため仇《あた》(17)なり。これもまことの花にはあらず。年の盛りと見る人の一旦の心の珍しき花なり。まことの目利《き》き(18)は見分くべし。

この頃の花こそ初心《しよしん》(19)と申す頃なるを、極《きは》めたる(20)やうに主の思ひて、はや申楽にそばみたる(21)輪説《りんぜつ》(22)をし、至りたる(23)風体《ふうてい》(24)をすることあさましき(25)ことなり。たとひ人も褒め、名人などに勝つとも、これは一旦珍しき花なりと思ひ悟《さと》りて、いよいよ物まねをも直《す》ぐ(26)にし定め、名を得たらん人にことを細かに問ひて、稽古をいや増し(27)にすべし。

されば、時分の花をまことの花と知る心が真実《しんじち》の花になほ遠ざかる(28)心なり。ただ(29)人ごと(30)にこの時分の花に迷ひて、やがて(31)花の失《う》するをも知らず。

初心と申すは、この頃のことなり。

一、公案《こうあん》(32)して思ふべし。我が位《くらゐ》(33)の程をよくよく心得ぬれば、それ程の花は一期《いちご》失せず。位より上の上手と思へば、もとありつる位の花も失するなり。よくよく心得べし。

(1) さる程に　文を新しく始めたり、話題を変えたりするときに置く辞。そこで。ともあれ。そういう事情であるから。／(2) 境　境涯、様態。／(3) すでに　すっかり。残すところなく。／(4) されば　そうであるから。それゆえ。それだから。／(5) 果報　因果応報。利点。仏教語。／(6) よそ目　傍目。人目。観衆の眼。／(7) すは　やっ。さあ。驚いて発する声。／(8) 目に立つ　注目する。注意をひく。／(9) もと　以前。本来。／(10) 珍し　目新しい。見馴れないので新鮮に感じられて魅かれる。もっと見たい。／(11) 立合勝負　猿楽の修によってもたらされるあでやかさの優劣をめぐる相手との競い合い。／(12) 一旦　一時的に。／(13) 思ひ上ぐ　すぐれていると高く評価する。／(14) 主　当人。修者自身。／(15) 思ひしむ　思いこむ。一途に考える。心に深く感ずる。／(16) かへすがへす　ほんとうに。ひじょうに。まったく。／(17) 仇　害毒。自分に害をなすもの。／(18) 目利き　修の良さ悪さを的確に判断し得る観衆。／(19) 初心　物まねの習い学びをはじめたばかりの様態。物まねをまだ極めつくしていないこと。／(20) 極めたる　追究し極限に達した。この上もない。／(21) そばみたる　本筋から外れた。偏っている。「そばむ」＋「たり（完了存続の助動詞、漢文訓読体）」／(22) 輪説　正統でない、自分勝手な意見や理論。／(23) 至りたる　猿楽能の極意を極めた。／(24) 風体　姿かたち。外見。格好。／(25) あさまし　嘆かわしい。以ての外。／(26) 直ぐに　素直に。まっすぐに。実直に。／(27) いや増しに　いよいよますます。いっそう多く。／(28) なほ　いっそう。さらに。／(29) ただ　むやみに。ひたすら。／(30) 人ごと　だれもかれも。どの人もどの人も。／(31) やがて　すぐに。ただちに。そのうちに。／(32) 公案　深く考えること。手だてを案出し思いめぐらすこと。思案すること。祖師が参禅者に与える課題。仏教語。／(33) 位　修の力量。品格。

二十四、五歳

この年頃は生涯を通しての修の様態が定まる初めである。そういう事情であるから、習い学びの分れ目で、声もすっかり回復し、容姿も定まる頃である。それゆえ修にとって二つの良い報いがある。声と容姿である。この二つはこの時期に定まる。生涯の最盛期に向かう猿楽能が生まれるところである。

そういう事情であるから、やあ上手な修者が現れたぞと観衆が注目する。その当座の「花」の「珍しき」で、以前からの優れた修者との立合勝負に勝つと、観衆は高く評価し、当人も上手だと思いこむ。これは当人にとって害である。これも生涯を通して体現する真実の「花」ではない。生涯の最盛期と観衆に一時の「珍しき」ゆえの「花」である。真実の目利きは見分けるであろう。

この頃の「花」は物まねの初めである初心の修の「花」であるのに、修を極め尽くしたと思いこんで、猿楽の本筋から外れた自分勝手な意見や理論を早くも述べ、極意を極めた格好をするのは以ての外である。たとえ観衆も褒め、立合勝負で優れた修者に勝っても、これは一時の「珍しき」の「花」であるとわきまえ知って、ますますまっすぐに物まねをゆるぎなく習い学び、名声を得た熟達した修者に立ち入って綿密なことを問い尋ね、いっそう多く習い学ぶべきである。

そういう次第であるから、この頃の「花」を真実の「花」と思いこむ心が真実の「花」からさらに遠ざかる心である。だれもかれもがこの頃の「花」に惑わされて、まもなく「花」を失うことを知らずにいる。

物まねの習い学びの初めである初心とは、この年頃のことである。

一、十分に思いめぐらし、深く考えよ。己れの修の力量を念を入れてわきまえれば、己れの力量に相当する「花」は生涯を通して失わない。力量以上の上手な修者であると思いこめば、力量に相応する「花」も失う。よくよくわきまえよ。

［補説］

出来事における己れならざる人々に似せるところの物まねを介して、失われたあでやかさのとり戻しがなされる。この年頃の舞、しぐさ、音曲は物まねの習い学びの初心の様態である。声も直り、容姿も定まる。男体《なんてい》として面《めん》を着けた所作のあでやかな「珍しき（目新しさ）」に観衆が感歎する。以前からの優れた修者に立合勝負で勝つこともある。だが習い学びの初めである初心の「花」であるとわきまえよ。名声を得た熟達者にますます実直に習い学ばなくてはならない。

「珍しき」は、まれであるから目新しく感じられて魅かれ、もっと見たい、逢いたい、聞きたい、の意の形容詞の連体形である。詳しくは、第七「別紙口伝」参照。

三十四、五

この頃の能、盛りの極《きは》めなり。

ここにてこの条々を極め悟りて堪能《かんのう》(1)になれば、定めて天下《てんが》(2)に許され、名望《めいばう》(3)を得つべし。もしこの時分に天下の許されも不足に、名望も思ふ程《ほど》もなくば、いかなる上手なりともいまだまことの花を極めぬ為手《して》(4)と知るべし。もし極めずば四十より能は下がるべし。それ後《のち》の証拠《しょうこ》(5)なるべし。

さる程《ほど》(6)に上がるは三十四、五までの頃、下がるは四十以来《いらい》なり。かへすがへすこの頃天下の許されを得ずば、能を極めたりとは思ふべからず。

ここにて猶慎《なほつつし》むべし。この頃は過ぎし方《かた》をも覚《おぼ》(7)え、また行く先の手立《てだて》をも悟る(8)時分なり。

この頃極めずば、この後《のち》天下の許されを得ん事かへすがへす難かるべし。

(1) 堪能　猿楽能の修に優れているさま。上手。／(2) 天下　世の中。世間。国中。／(3) 名望　名声・名誉と人望人気。／(4) 為手　猿楽能の修者。現今の能におけるシテとは異なる。／(5) 後の証拠　事実であったことを後日裏付ける証拠。／(6) さる程に　話題を変えるときに置く辞。ともあれ。／(7) 覚え　想い起こし。／(8) 悟る　察知する。予見する。想いはかる。

三十四、五歳

この年頃の猿楽能の修は全盛期の猿楽能である。

ここで習い学びの条々を追究して熟達し修に優れた才能をもっているならば、必ず世の中に認められ、名声人望を得よう。もしこの頃に世の中の評価も十分でなく、名声人望も望むほどでないならば、どれほどの上手であってもまだ生涯を通して体現する真実の「花」を極めていないと知るべきである。極めていないならば四十歳から猿楽能の修は衰える。そのことが極めていないさまを後日証拠立てるであろう。

ともあれ、猿楽能の修が上達するのは三十四、五歳の頃までであり、衰えるのは四十歳からである。くれぐれもこの頃に世の中に認められなければ、猿楽能の修を極めたと思ってはならない。

ここでいっそう気を引き締め慎重にならなければならない。この年頃はこれまでの修の様態をも想い起こし、今後の遣りかたをも前以って想いはかる時期である。

この頃に猿楽能の修を極めていなかったならば、この後、世の中に認められることはひどく難しいであろう。

［補説］

猿楽能の修の最盛期である。修の様態である品格が上がるのはこの年頃までであって四十歳以後は下がる。

気を引きしめ、これまでの習い学びを想い起こし、これからさきの習い学びのありかたを想いはかるべく努めよ。

四十四、五

この頃よりは能の手立《てだて》大かた変るべし。たとひ天下に許され、能に得法《とくほふ》(1)したりとも、それに付けてもよき脇《わき》の為手《して》(2)を持つべし。

能は下がらねども、力なく(3)やうやう(4)年闌《た》け(5)ゆけば、身の花もよそ目の花(6)も失するなり。まづ(7)、すぐれたらん美男(8)は知らず、よき程《ほど》の人(9)も直面《ひためん》の申楽(10)は年寄りては見られぬものなり。さる程に(11)、この一方《いつぱう》は欠《か》けたり。

この頃よりはさのみに細かなる物まねをばすまじきなり。大かた似合ひたる風体《ふうてい》をやすやすと骨を折らで、脇の為手に花を持たせて、あひしらひ(12)のやうに少《すく》な少なとすべし。たとひ脇の為手なからんにつけても、いよいよ細かに身を砕《くだ》く能をばすまじきなり。なにとしてもよそ目花なし。

もしこの頃まで失せざらん花こそまことの花にてはあるべけれ。それは、五十近くまで失せざらん花を持ちたる為手ならば、四十以前に天下の名望《めいばう》を得つべし。たとひ天下の許されを得たる為手なりとも、さやうの上手はことに我が身を知るべければ、なほなほ脇の為手をたしなみ、[13]さのみに身を砕《くだ》きて難《なん》の見ゆべき能をばすまじきなり。

かやうに我が身を知る心、得たる人[14]の心なるべし。

(1) 得法　猿楽能を習い学び、奥義を極めること。仏法を悟ること。参禅し、印可を受けること。仏教語。／(2) 脇の為手　猿楽能の脇の修者。一座の統括者に次ぐ後継の修者。／(3) 力なく　どうしようもなく。いたしかたなく。／(4) やうやう　しだいに。だんだん。／(5) 年闌《た》け　年老いていく。／(6) よそ目　観衆の眼。他人の見る眼。／(7) まづ　なにはともあれ。なんといっても。／(8) すぐれたらん　抜きんでているであろう。他にすぐれているであろう。「すぐる」＋「たり（存続完了の助動詞）」＋「む（推量の助動詞）」。／(9) よき程《ほど》の人　かなりの美男。／(10) 直面《ひためん》の申楽　面を着けず素顔で修する猿楽。／(11) さる程に　そういう事情で。／(12) あひしらひ　調子を合せ応対する。ほどよくとりなす。／(13) たしなみ　深く心を入れる。細心の注意を払う。かねてから心がけ用意する。／(14) 得たる　猿楽能を極め体得した。

四十四、五歳

この年頃からは猿楽能の修し方が特別の事情のないかぎり変らなければならない。たとえ世の中に認められ、猿楽能の奥義を極めたとしても、それにつけても良い脇の修者を持たなければならない。

猿楽能の修は衰えなくても、どうしようもなく次第に年老いていくので、容姿のあでやかさも観衆が見る所作のあでやかさも失われる。なにはともあれ、抜きん出た美男は別として、かなりの美男でも面を着けない直面《ひためん》の猿楽能は年老いては見るに堪えないものである。そういう事情であるから、直面の猿楽能は不可能である。

この年頃からはむやみに立ち入った綿密な物まねを修すべきではない。特別な事情がないかぎり年齢に相応した姿かたちの猿楽能をらくらくと骨を折ることなく、脇の修者に「花」を持たせて、ほどよく応待し控えめ控えめに修するがよい。たとえ脇の修者のない猿楽能でも、綿密さに力を尽くす猿楽能をますます修すべきではない。どのように修しても観衆の眼に映る「花」はない。

もしこの年頃まで失われない「花」ならばこれこそ生涯を通しての真実の「花」であろう。というのは、五十歳近くまで失われない「花」を保持する修者ならば四十歳以前に世の中の名声人望を得ているであろう。たとえ世の中に認められている修者であっても、そのような上手な修者はとりわけ己れの容姿を知っているから、いっそう脇の修者に心を配り、綿密さに身を砕いて欠点が見えるような猿楽能を修することはないであろう。

このように己れの容姿を知る心は、猿楽能を得意とする修者の心である。

［補説］

観衆の眼に映る容姿のあでやかさが失われ、もって生れた直面《ひためん》での猿楽能を修することができなくなる。後継の修者に「花」をもたせ、控えめ控えめに修するがよい。

五十有余

この頃よりは大かたせぬ(1)ならでは手立あるまじ。「騏驎《きりん》も老《おい》ては土馬《どば》に劣《おと》る(2)」と申すことあり。さりながら、まことに得たらん能者《のうじや》(3)ならば、物数《ものかず》はみなみな失せて、善悪《ぜんあく》(4)見所《みどころ》(5)は少なしとも花は残るべし。

亡父《ぼうふ》(6)にて候ひし者は五十二と申しし五月十九日に死去せしが、その月の四日の日駿河《するが》の国浅間《せんげん》(7)の御前《おまへ》にて法楽《ほふらく》(8)仕《つかまつ》る。その日の中楽ことに花やか(9)にて、見物の上下《じやうげ》一同に褒美せしなり。凡《およそ》その頃物数をばはや初心に譲《ゆづ》りて、やすき所を少な少なと色《いろ》へ(10)てせしかども、花はいや増しに見えしなり。

これ、まことに得たりし(11)花なるがゆゑに、能は枝葉も少なく老木《おいき》になるまで花は散らで残りしなり。これ、眼《ま》のあたり老骨に残りし花の証拠《しようこ》なり。

年来稽古　以上。

(1) 大かた　大体のところ。／(2)「騏驎も老ては土馬に劣る」　優秀な者も年老いては凡庸な者に劣るという意の諺。「麒麟」は一日に千里を走る名馬。「土馬（＝駑馬）」はのろい馬。／(3) 能者　猿楽能の修者。／(4) 善悪　良かれ悪しかれ。いずれにせよ。何はどうあれ。／(5) 見所　見る価値のある優れたところ。／(6) 亡父　観阿弥清次。／(7) 浅間　静岡市葵区宮ヶ崎町の浅間神社（新宮）、あるいは富士宮市大宮町の本宮を指す。／(8) 法楽　神・仏に法施として読経や音曲、舞踏などを手向けること。／(9) 花やか　際立って美しい。あでやか。「花」のように美しいさま。／(10) 色へて　美しく色どって。つややかさを添えて。「色ふ（「色」の動詞形）」の連用形。／(11) 得たりし　極め体得した。

五十歳以上

この年頃からは特別の事情がないかぎりことさらな物まねを修しないこと以外の遣りかたはないであろう。

「一日に千里を走る名馬も年老いては凡庸な馬に劣る」という諺がある。そうではあるが、猿楽の奥義を極めた真実の熟達者であれば、物まねの物の数々がすべて失われ、良かれ悪しかれ見る価値のある優れたところが少なくなっても「花」は残るであろう。

亡父の観阿弥は五十二歳の五月十九日に死去したが、その五月四日駿河国《するがのくに》浅間《せんげん》神社の神前で猿楽を法施した。その日の猿楽はとりわけ際立って美しく、観衆は貴賤ともに褒め讃えた。大体その頃は物まねの物の数々をすでに初心の修者に譲っていて、たやすいところを控えめ控えめにつややかさを添えて修していたが、「花」はいっそうあでやかであった。

これは、生涯を通して極め体得した真実の「花」であるゆえに、物まねの物の数も少なく老いた姿かたちになるまで「花」は散ることなく残ったのである。これは眼のあたりにした事実である。

［補説］

年老い、さまざまな物まねの数はなくなる。「せぬならでは手立」はない。だが生涯を通して体得した真実の「花」の修がなくなることはない。

風姿花伝第二物学条々《ものまねのでうでう》

物まね(1)の品々《しなじな》(2)筆に尽くし難《がた》し。さりながら、この道の肝要《かんえう》(3)なればその品々をいかにもいかにもたしなむ(4)べし。およそ(5)、なにごとをも残さずよく似せんが本意《ほんい》(6)なり。しかれども、またことに(7)よりて濃き淡きを知るべし。

まづ、国王大臣より始め奉りて公家《くげ》(8)の御《おん》たたずまひ(9)武家の御《ご》進退《しんだい》(10)は及ぶべきところにあらざれば、十分ならんこと難し。さりながら、よくよく言葉を尋《たづ》ね(11)、品(12)を求めて(13)、見所《けんじよ》(14)の御意見を待つべきをや(15)。そのほか上職《じようしよく》(16)の品々花鳥風月の事態《ことわざ》(17)いかにもいかにも(18)細かに(19)似すべし。

田夫《でんぶ》(20)野《や》人《じん》(21)のことに至りてはさのみに(22)細かに卑しげなる態《わざ》(23)をば似すべからず。仮令《けりやう》(24)、木《き》樵《こり》草刈炭焼《すみやき》汐汲《しほくみ》(25)などの風情《ふぜい》(26)にも成りつべき態をば細かにも似すべきか。それよりなほ卑しからん下職《げしよく》(27)をばさのみには似すまじきなり。これ、上方《じやうはう》(28)の御目《おんめ》に見ゆべからず。もし見えばあまりに卑しくて面白き(29)ところあるべからず。
この宛《あ》て(30)がひをよくよく心得べし。

(1) 物まね　或る人物に扮してそれらしい姿態、振舞を修すること。まねること。そっくり似せた動作、様子。「物」は人を一般化していう辞。／(2) 品々　さまざまな階級、身分。いろいろの種類／(3) 肝要　非常に大切なこと。よく心得ておかなければならないこと。／(4) たしなむ　深く心を入れて心掛ける。好んで励む。習練する。／(5) およそ　おしなべて。一般に。／(6) 本意　本質。根本的なあり方。本来のあるべきありよう。／(7) またそれとは別に。一方では。／(8) 公家　三位以上の上流貴族。／(9) たたずまひ　様子。さりげないありさま。「たたずむ（立って動きまわっていたものでやがて立ちどまる意）」＋「ひ（反復・継続の意の接尾辞）」。／(10) 進退　進むことと退くこと。立居振舞。一挙一動。／(11) 尋ね　調べ明らかにし。さがし求め。／(12) 品　種別。動作のありかた。遣り方。／(13) 求め　さがす。見出す。／(14) 見所　観衆。見物席。／(15) をや　……はいうまでもないことだ。「を（間投助詞）」＋「や（間投助詞）」。漢文訓読系の文で用いられる。／(16) 上職　高い官職。上等な職業。／(17) 事態　営為。しわざ。／(18) いかにも　いかにも　なんとしても。どのようにも。／(19) 細かに　立ち入って綿密に。／(20) 田夫　農夫。いなか者。／(21) 野人　野にあって官に仕えない人。粗野な人。／(22) さのみに　ひたすらに。ただそのようにばかり。／(23) 態　所作。／(24) 仮令　具体的にいえば。たとえば。／(25) 汐汲製塩のために海水を汲む人。／(26) 風情　趣きのある姿態。所作。ありさま。／(27) 下職　卑しく低い職業。絵解《えとき》、猿牽《さるひき》、塗師《ぬし》、油売など。／(28) 上方　高貴な人。／(29) 面白き気持が解放されて快く楽しく、魅せられるさま。／(30) 宛てがひ　配慮。想定されるいろいろな場合に対する対処の方法を考えること。

物まねのさまざまを文で説き尽くすのは難しい。そうではあるが、物まねは猿楽において大切なことであるから物まねのそれぞれを深く心を入れて修しなくてはならない。おしなべて、何事であれ漏らすところなくよく似せるのが物まねの本来のありようである。そうではあるが、また物まねの対象である物によって似せる度合いの濃淡を知らなくてはならない。

なんといっても、天皇大臣を始め貴族のありさまや武人の立居振舞は及びもつかないところであるから、十全に似せることは難しい。そうではあるが、よくよく言葉を調べ、物のありようを見出し、観衆の意見を聞くべきであろう。その外《ほか》高い官位の人々のありよう、花鳥風月に関わる振舞を立ち入って綿密に深く心を入れて似せるがよい。

田畑、野山で働く人々についてはひたすらに立ち入って綿密に下賤な所作を似せるべきではない。具体的にいえば、木樵・草刈・炭焼・汐汲などの趣きのある姿態となる所作は立ち入って綿密に似せるべきであろうが、それより卑しく低い職の者の所作をひたすらに似せるべきではない。これは高貴な人に見せてはならない。見せたならばあまりに下賤であって「面白き」がないであろう。

これらの配慮をよく心得なくてはならない。

女

およそ、女がかり(1)若き為手《して》(2)のたしなみ(3)に似合ふことなり。さりながら、これ一大事(4)なり。まづ、仕立《したて》(5)見苦しければさらに見所《みどころ》(6)なし。女御《にようご》(7)更衣《かうい》(8)などの似せごとは、たやすくその御振舞を見ることなければよくよくうかがふ(9)べし。衣袴《きぬはかま》(10)の着様《きやう》すべて私ならず、尋ぬべし。ただ世の常の女がかりは、常に見慣るることなれば、げにはたやすかるべし。ただ衣小袖(11)の出立《いでたち》(12)は大かたの体《てい》よしよし(13)とあるまでなり。

舞《まひ》(14)白拍子《しらびやうし》(15)または物狂《ものぐるひ》(16)などの女がかり、扇《あふぎ》にてもあれかざし(17)にてもあれいかにもいかにもよわよわと、持ち定めず(18)して持つべし。衣袴などをもながながと踏み含《くく》み(19)て、腰膝は直ぐに、身はたをやかなる[20]べし。顔の持ち様《やう》、あふのけば見目《みめ》[21]悪《わろ》く見ゆ。うつぶけば後《うしろ》姿《すがた》悪し。さて首持《も》[22]ちを強く持てば女に似ず。いかにもいかにも袖の長きものを着て、手先をも見すべからず。帯などをもよわよわとすべし。

されば、仕立をたしなめとは、かかりを良く見せんとなり。いづれの物まねなりとも仕立悪《わろ》くては良かるべきかなれども、ことさら女がかり仕立を以て本《ほん》[23]とす。

(1) がかり　姿態や言葉の移りゆきの流麗さ。／(2) 為手　猿楽能の修者。／(3) たしなみ　好んで励むこと。深く心を入れた習い学び。／(4) 一大事　非常に難しいこと。重要なこと。大切なこと。／(5) 仕立　扮装。身なり。装束、持ち物による身拵え。「し(為)」＋「たて(立派に目立つようにする意)」／(6) 見所《みどころ》　見る価値のあるすぐれたところ。／(7) 女御　天皇の寝所に侍した皇后・中宮に次ぐ位の女官。／(8) 更衣　女御に次ぐ後宮の女官。／(9) うかがふ　周囲に気を配りながら様子をさぐる。尋ね、問い、聞くの謙譲語。／(10) 衣袴　女房装束。「衣」は着物。「袴」は腰から下に着ける衣服。／(11) 小袖　広袖の衣に対し袖口の短い着物。上着としても用いた。／(12) 出立　身拵え。／(13) よしよし　まあよい。かまわない。不満足ながら許し、あとは知らないという気持がこもっている。／(14) 舞　曲《くせ》舞女《まひめ》を指す。曲舞は拍子を主とする楽曲に合わせて語り舞った芸能。／(15) 白拍子　水干・長袴・立烏帽子《たてえぼし》の男装で、今様などを鼓に合わせて歌い舞った遊女。／(16) 物狂　正気を失い、狂乱状態になること。／(17) かざし　花や笹、造花などを髪に挿したり、手に持って掲げること。／(18) 持ち定めず　しっかり握らず。「定め」はしっかりきめるの意。／(19) 含み包みこむ。くるむ。／(20) たをやか　しとやか。おだやかでやさしい。落ち着いていて好ましい感じを与えるさま。「やか」は接尾辞。／(21) 見目　見た感じ。／(22) 首持ち　首の据えよう。／(23) 本　根本。

女人

おしなべて、女人の姿態や言葉の移りゆきの流麗さは年若い修者の心を入れた習い学びに似合っている。そうではあるが、これは非常に難しく大切である。

なんといっても、身拵えがみっともないと見る価値がない。

女御更衣など後宮の女人の似せるべきところは、容易にその立居振舞を見ることができないのでよくよく問い尋ねるべきである。衣袴の着かたを我流にすることなく、調べ明らかにすべきである。

ただ世の中の通常の女人の姿態の移りゆきの流麗さは、いつも見馴れているのでほんとうのところ容易であろう。ただ衣に小袖を羽織った身拵えでおよそがまあよければ十分である。

曲舞女・白拍子女あるいは物狂の女人などの姿態の移りゆきの流麗さは、扇にせよ、笹にせよできるだけ弱々しく、握りしめることなく持つがよい。衣・袴なども裾長《すそなが》に着て足を包み隠し、腰膝はまっすぐに伸ばし、身体付きはしとやかでなければならない。顔は、仰向《あおむ》けば見た感じが悪くなり、俯《うつむ》けば後姿が悪い。首の据《す》えかたを強くすれば、女人に似ない。できるかぎり袖の長い衣を着て、手先をも見せてはならない。帯などもゆるゆると諦めよ。

そういう次第であるから、身拵えを心掛けよとは、姿態の移りゆきの流麗さをよく見せるがためである。どんな物の物まねも身拵えが悪くてはよいはずはないが、とくに女人の姿態の移りゆきは身拵えが根本である。

老人

老人の物まね、この道の奥義《あうぎ》(1)なり。能の位《くらゐ》(2)(3)やがてよそ目(4)にあらはるることなれば、これ第一の大事なり。

およそ、能をよき程《ほど》極めたる為手《して》も老いたる姿は得ぬ(5)人多し。たとへば木樵《きこり》汐汲の態《わざ》物《もの》(6)などの翁形《おきなかたち》をし寄《よ》せぬればやがて(7)上手と申すこと、これ誤りたる(8)批判(9)なり。冠《かぶり》(10)直衣《なほし》(11)烏《え》帽子《ぼし》(12)狩衣《かりぎぬ》(13)の老人の姿得たらむ人ならでは似合ふべからず。稽古の功入《いり》(14)て位上がらでは似合ふべからず。

また花なくば面白きところあるまじ(15)。およそ、老人の立ち振舞、老いぬればとて腰膝をかがめ(16)、身をつむれば(17)、花失せて古様《こやう》(18)に見ゆるなり。さる程に、面白きところ稀なり。ただ大かたいかにもいかにもそぞろかで(19)しとやかに(20)立ち振舞ふべし。ことさら老人の舞がかり無上の大事なり。花はありて年寄りと見ゆるる公案(21)くはしく習ふべし。ただ老木に花の咲かんがごとし(22)。

(1) 奥義　奥深く究極の大切なところ。極意。／(2) 位　力量。品位。品格。／(3) やがて　そのまま。すぐに。ただちに。／(4) よそ目　人目。観衆の眼。／(5) 得ぬ　熟達の域に達していない。「得」は体得する。／(6) 態物　所作事の意か。／(7) し寄せぬれば　ひと通りこなし修すると。「為」＋「寄せぬれば」で、修し近づけると、の意。／(8) 誤りたる　「校」の振仮名。底本の解釈に従う。／(9) 批判　是非善悪をわきまえて批評し判断すること。／(10) 冠　正装のとき頭にかぶる装具。／(11) 直衣　平服。／(12) 烏帽子　元服した男子のかぶりもの。／(13)狩衣　貴族・武士の式服。略服。／(14)功入りて　長年修練を積んで。「功」は仕事に対する長い経験と習熟。「入り」は、ある状態になりきる、完全にある状態になる、の意。／(15)面白き　気持が解放されて快く楽しく、魅せられるさま。／(16)かがめ曲げる。曲げた状態にする。／(17)つむれば　「詰むれば」。縮めると。／(18)古様　新しみがなく古くさい。／(19)そぞろか　なんとなくとりとめがなく定らないさま。／(20)しとやか　言葉、動作などがもの静かなさま。／(21)公案　深く考えること。十分に思いめぐらすこと。／(22)老木に花の咲かんがごとし　第七別紙口伝参照。

老人

老人の物まねは、猿楽能の奥深く究極の大切なところである。修者の力量がそのまま観衆の眼に明らかになるのであるから大切で難しい。

おしなべて、かなりに極めた修者でも年老いた姿かたちの物まねは極め熟達していない修者が多い。たとえば樵《きこり》・汐汲など所作の目立つ老人の姿かたちを一通りこなし修するとすぐに上手だというのは誤った批判である。冠・直衣《のうし》・烏帽子《えぼし》・狩衣《かりぎぬ》を着た老人の姿かたちの物まねに熟達している修者でなければ似合わない。長年習い学びを積み、力量が優れていなければ似合わない。

また「花」がないと「面白き」が欠ける。おしなべて、老人の立居振舞は、年老いているからといって腰・膝を曲げ、身体を縮めると、「花」が失われ、古くさく見える。そういう次第で、「面白き」が稀れになるのである。

ただだいたいのところ、なんとなくとりとめがなく、もの静かに立居振舞うべきである。とりわけ老人の舞の移りゆきは非常に難しく大切である。「花」のある老人と見せるべく細密に工夫し、習い学べ。老木に「花」が咲いているさまである。

直面《ひためん》(1)

これ、また大事なり。およそ、もとより俗の身なればやすかりぬべきことなれども、不思議に能の位上がらねば直面は見られぬものなり。

まづ、これは、仮令《けりやう》(2)その物その物によりて学ばん事是非なし。(3)面色《めんしょく》(4)をば似すべき道理もなきを、常の顔に変へて顔気色《けしき》(5)をつくろふ(6)ことあり。さらに見られぬものなり。振舞、風情をばその物に似すべし。顔気色をば、いかにもいかにも己《おのれ》なりにつくろはで、直ぐに持つべし。

（1）直面　面を着けず素顔で修すること。／（2）仮令　具体的にいえば。／（3）是非なし　是非を論ずるまでもない。当然である。／（4）面色　顔つき。顔の造作。／（5）顔気色　顔つき。表情。「気色」は視覚で捉えた様子。／（6）つくろふ　直し、整える。「つくる」＋継続・反復の助動詞「ふ」。

直面（面を着けず素顔で修すること）

これもまた大切で難しい。おしなべて、もともと世俗の存在であるから容易なはずだが、不思議に猿楽能の修の力量が上らないと直面は見るに堪えないものである。ともあれ、直面は、具体的にいえば、物まねの対象である人物ごとに習い学ぶのが当然の修しかたである。その際顔の造作は似せられる道理もないのに、ふだんの顔を変え造作を直し整えることがあるがまったく見るに堪えない。対象である人物の立居振舞、姿態を似せるべきであるが、顔つきはできるかぎり直し整えず己れのままであるべきである。

物狂《ものぐるひ》

この道の第一の面白づくの(1)芸能なり。物狂の品々多ければ、この一道に得《え》たらん達者(2)は十《と》方《はう》(3)へわたるべし。くり返しくり返し公案の入るべきたしなみなり。仮令《けりやう》、憑《つ》き物《もの》(4)の品々、神、仏、生霊《いきりやう》(5)、死霊《しりやう》(6)の咎《とが》(7)めなどはその憑き物の体《てい》(8)を学べば、やす(9)くたより(10)あるべし。

親に別れ子を尋ね夫《をつと》に捨てられ妻《め》に後《おく》るる、かやうの思ひに狂乱する物狂一大事なり。よき程《ほど》の為手《して》もここを心に分けずして、ただ一偏《いつぺん》(11)に狂ひはたらくほどに見る人の感もなし。思ひゆゑの物狂をば、いかにも物思ふ気色を本意《ほんい》に宛てて、狂ふ所を花に宛《あ》てて、心を入れて狂へば感も、面白き見所《みどころ》も定めてあるべし。かやうなる手柄(12)にて人を泣かするところあらば、無上《むじやう》の上手と知るべし。これを心底《しんてい》によくよく思ひ分くべし。

およそ、物狂の出立《いでたち》(13)、似合ひたるやうに出で立つべきこと是非なし。さりながら、とて(14)も物狂にこと寄せて(15)時によりて何とも花やかに(16)出で立つべし。時の花を挿頭《かざし》に挿《さ》すべし。

またいはく(17)、物まねなれども心得べきことあり。物狂は、憑き物の本意を狂ふといへども、女物狂などに、あるいは修羅闘諍《とうじやう》(18)　鬼神(19)などの憑くことこれ何よりも悪きことなり。

憑き物の本意をせんとて女姿にて怒り[20]ぬれば見所《みどころ》[21]似合はず。女がかりを本意にすれば憑き物の道理なし。また男物狂に女などの寄らんことも同じ料簡《れうけん》[22]なるべし。所詮[23]これ体《てい》なる能をばせぬが秘事なり。能作る人の料簡なきゆゑなり。さりながら、この道に長《ちやう》じたらん[24]書手《かきて》[25]の、さやうに似合はぬことをさのみに書くことはあるまじ。この公案を持つ事秘事なり。

また直面の物狂、能を極めてならでは十分にはあるまじきなり。顔気色をそれになさねば物狂に似ず。得たる所なくて顔気色を変ゆれば見られぬ所あり。物まねの奥義とも申しつべし。

大事の申楽などには初心の人斟酌《しんしやく》[26]すべし。直面の一大事、物狂の一大事二色《ふたいろ》を一心になして面白き所を花に当てんこと、いか程《ほど》の大事ぞや。よくよく稽古あるべし。

（1）づく　名詞に付いてそういう状態になる、そういう趣きがあるの意を表わす接尾辞。／（2）達者　体得している修者。／（3）十方　あらゆる物まね。「十方」はじっぽうとも。東、西、南、北、東北、東南、西南、西北、上・下を合わせた称。／（4）憑き物　「憑く」はとりつく。のりうつる。「物」は畏怖・恐怖の対象を指す。霊魂など。／（5）生霊　生きている人の怨霊。／（6）死霊　死者の怨霊。／（7）咎め　過ちを取り上げて非難すること。祟ること。／（8）体　姿ありさま。容姿。／（9）やすく　容易である。たやすく……できる。／（10）

たより　手づる。手がかり。／(11)一偏に　ひたすら一つのことをすること。一律。／(12)手柄　手なみ。腕前。力量。／(13)出立　身拵え。／(14)とても　そうはいっても。それならそれで。／(15)こと寄せて　託《かこ》つけて。根拠にして。／(16)花やか　際立って美しい。あでやか。「やか」は、名詞などについて、そのような状態であるの意を表す接尾辞。／(17)またいはく　論を追加する時の慣用句。／(18)修羅闘諍　修羅道に堕ちて闘諍を事とする悪霊。「修羅」はつねに帝釈天と戦っている天竺の鬼神。「闘諍」は休むことなく戦い、争うこと。／(19)鬼神　神に祀られた死者の霊魂。／(20)怒り　怒れる所作。／(21)見所　見る価値のある優れたところ。／(22)料簡　考え。とりはからい。処置。／(23)所詮　結局。つまるところ。／(24)長じたらん　優れているであろう。「長ず」＋「たり（断定の助動詞）」＋「む（存続完了の助動詞）」。／(25)書手　猿楽能の台本である謡曲の作者。／(26)斟酌す　事情をくみとり、顧慮する。

物狂

物狂は猿楽能における「面白き」の最もあふれた物まねである。種類が多いので、物狂を体得した修者はすべての物まねを修し得るであろう。よくよく思いめぐらし、深く思案し心を入れるべき習い学びである。

具体的にいえば、さまざまな憑《つ》き物《もの》、すなわち神、仏、生霊《いきりやう》、死霊の祟りなどは、とり憑《つ》いている物の姿ありさまを習い学べば、容易で、手がかりになるであろう。

親に別れ、子を探し求め、夫に捨てられ、妻に先立たれる、こうした歎き悲しみゆえに狂乱する物狂は大切で難しい。かなり優れた修者でも、これらの違いをわきまえることなく、ただ心乱れた所作をひたすら修する時は観衆の感動を得られない。悲歎ゆえの物狂をば、深い歎き・悲しみに沈んでいるさまを根底に置いて、心の乱れを「花」として、心を込めて狂乱すれば観衆の感動も、見るべき「面白き」も必ず得られるであろう。こうした手なみで観衆の涙を誘う力量があれば、無上の上手と知れるであろう。このことを心の奥深くによくわきまえておくべきである。

おしなべて、物狂の身拵えは、本人に似合うように身拵えるべきなのは当然である。そうではあるが、それはそれで、物狂に託《かこ》つけて季節に応じていかにもあでやかに身拵えすべきであろう。季節の花を折って髪に挿すがよい。

またいう。物まねであるが、わきまえておくべきことがある。憑き物ゆえの物狂は、とり憑いた物の本来の姿ありさまを修するが、女物狂などに、阿修羅・悪鬼などがとり憑くのはなによりも悪い。とり憑いた物の本来の姿ありさまを修すべく、女人の容姿で怒りの所作をすれば観衆の眼に相応せず、女人の姿態の移りゆきを基本にすれば、とり憑いた物の姿ありさまの道理がなくなる。また、男物狂に女人の悪霊がとり憑くのも、同様に心得なくてはならない。つまるところ、このような猿楽能をば修しないのが秘事である。猿楽能の作者に心得がないゆえにこうしたことになる。しかしながら、猿楽能に通達している作者であれば、このような似合わないものを書くことはないであろう。このことを思いめぐらし深く考えることは秘伝である。

また、直面の物狂は、猿楽能を極めていなければ十全に修することはできない。顔つきをそれらしく整えなければ、物狂に似合わない。物狂を体得していないままに顔つきを変え整えるならば、見るに堪えないところがある。物まねの奥深く究極の大切なところというべきである。

大切な場の難しい猿楽能などには初心の修者は事情をくみ取り、遠慮するがよい。直面の大切さ、物狂の大切さ、二つの難しさを一つの身心に引き受けて「面白き」を「花」とするのはどれほど大切で難しいことであろうか。よくよく習い学ばなくてはならない。

法師

これはこの道にありながら、稀なればさのみの稽古入らず。

仮令《けりやう》、荘厳《しやうごん》(1)の僧正(2)ならびに僧綱《そうがう》(3)等はいかにも威儀(4)を本《ほん》として気高《けたか》(5)きところを学ぶべし。それ以下《いげ》の法体《ほつてい》(6)、遁世《とんぜい》(7)修行の身に至りては抖擻《とそう》(8)を本とすれば、いかにも思ひ入り(9)たる姿かかり肝要たるべし。

但《ただし》、賦物《ふしもの》(10)によりて、思ひの外《ほか》の手数《てかず》(11)の入ることもあるべし。

(1)荘厳　仏像・仏堂・僧などを飾ること。法衣などで立派に装っているさま。／(2)僧正　最高位の僧官。／(3)僧綱　僧・尼を統括する僧官。／(4)威儀　礼式に適《かな》った重々しい挙措進退。／(5)気高き　威厳がある。犯し難く高貴である。／(6)法体　出家者。／(7)遁世　隠遁。／(8)抖擻　煩悩を払い捨て仏道修行に励むこと。／(9)思ひ入る　一途に思いつめる。深く心にかける。／(10)賦物　題材。／(11)手数　さまざまな遣りかた、手段。

法師

物まねの物の一つであるが、修することは稀であって、さほどの習い学びを要しない。具体的にいえば、立派に装った僧正や僧綱などは礼式に適った重々しい動作を基本とし威厳のあるさまを習い学ぶがよい。それ以下の出家者の姿態は、世俗を捨て隠遁し、修行に励むことが本来なので、一途に深く思いつめている姿かたちの移りゆきが大切である。ただし、題材によって、思いがけないさまざまな遣りかたを要することもあるであろう。

修羅《しゅら》

これ、また一体《いってい》の物(1)なり。よくすれども面白きところ稀なり。さのみにはすまじきなり。但《ただし》、源平などの名のある人のことを花鳥風月に作り寄せて、能良ければ、何よりもまた面白し。これ、ことに花やか(2)なるところありたし。

これ体《てい》なる修羅の狂ひ、ややもすれば鬼の振舞《ふるまひ》になるなり。または舞の手にもなるなり。それも曲舞《くせまひ》(3)がかりあらば、少し舞がかりの手づかひ(4)よろしかるべし。弓・箙《やな》(5)ぐひを携へて打物《うちもの》(6)を以て厳《かざり》とす。その持ち様《やう》・使ひ様をよくよくうかがひて、その本意《ほんい》をはたらくべし。

相構《あひかま》へて相構へて(7)鬼のはたらき、また舞の手になるところを用心すべし。

（1）一体の物　物まねの物の一つ。／（2）花やか　際立って美しい。あでやか。／（3）曲舞　拍子を主とする楽曲に合わせて語り舞った舞。／（4）手づかひ　手の使いかた。手の運び。／（5）箙ぐひ　矢を入れて背中に負う武具。えびら。／（6）打物　太刀・薙刀《なぎなた》など相手を斬る武具。／（7）相構へて相構へて　よくよく注意して。つねに心がけて。「あひ（語調を強める接頭辞）」＋「構ふ（思慮を組みたて集中する）」。

修羅

これも、物まねの一つである。上手に修しても「面白き」は稀である。さほどに修すべきではない。

ただし、源氏や平氏の名高い武人の事跡が花鳥風月に深く関わって作り寄せられていて、良い猿楽能であれば、なによりもまた「面白き」である。これは、とりわけあでやかなところがあってほしい。

修羅の怒りの所作はともすると鬼の振舞になる。または舞の手ぶりにもなる。舞の手ぶりでも拍子を主とする曲舞の移りゆきが混じっていれば、少し舞の手ぶりの移りゆきがあってもよろしいであろう。

弓・箙《えびら》を携えて刀や長刀によって装う。武具の持ちかたや使いかたを調べ尋ねて、本来の使用のしかたに従ってしぐさをすべきである。

鬼のしぐさ、また舞の型になるところによくよく気をつけよ。

神《かみ》

およそ、この物まねは鬼がかりなり。何となく怒れるよそほひ(1)あれば、神体《しんてい》(2)によりて鬼がかりにならんも苦しかるまじ。但《ただし》、はたと(3)変はれる本意(4)あり。神は舞がかりの風情(5)によろし。鬼にはさらに舞がかりのたより(6)あるまじ。

神をば、いかにも神体によろしきやうに出で立ちて、気高《けたか》く、ことさら出物《でもの》(7)にならでは神といふことはあるまじければ、衣裳を飾りて、衣文《えもん》(8)をつくろひてすべし。

(1) よそほひ　身なりを整えた姿。ありさま。態勢。／(2) 神体　神の本体、性格。／(3) はたと　まったく。すっかり。／(4) 本意　本質。／(5) 風情　趣きのある姿態。所作。／

(6)たより　手がかり。／(7)出物　猿楽能の後半に扮装して登場する物。／(8)衣文　えりもと。衣服を身に着ける時の正しい作法。

神

おしなべて、神の物まねは鬼の姿態の移りゆきである。どことなく怒りを帯びた姿態であれば、神の本体のいかんによっては鬼の姿態の移りゆきになってもよろしいであろう。ただし、まったく異なる本来の姿態がある。神は舞の移りゆきの姿態をとるが、鬼にとっては舞の移りゆきは手がかりにならない。

神の本体にふさわしく威厳あるさまに身拵えして気品高く、神として登場するがよい。神は、猿楽能の修においてのみ現出するのであるから、衣装を飾り、落度のないように衣服を整えて修しなくてはならない。

鬼《おに》

これ、ことさら大和の物なり。(1)一大事なり。

およそ怨霊、(2)憑き物などの鬼は面白きたより(3)あれば易し。あひしらひ(4)を目がけて(5)、細かに足、手をつかひて物頭《ものがしら》(6)を本にしてはたらけば、面白きたよりあり。

まことの冥途の鬼、よく学べば恐ろしきあひだ、面白きところさらになし。まことはあまりの大事の態なれば、これを面白くする者稀なるか。

まづ、本意は強く恐ろしかるべし。強きと恐ろしきは面白き心には変はれり。

そもそも、(7)鬼の物まね大《おほき》なる大事あり。よくせんにつけて面白かるまじき道理(8)あり。恐ろしきところ本意なり。恐ろしき心と面白きとは黒白《こくびやく》の違ひなり。されば、鬼の面白きところあらん為手は、極めたる上手とも申すべきか。

さりながら、それも、鬼ばかりをよくせん者は、ことさら花を知らぬ為手なるべし。されば、若き為手の鬼はよくしたりとは見ゆれどもさらに面白からず。鬼ばかりをよくせん者は、鬼も面白かるまじき道理あるべきか。くはしく習ふべし。ただ鬼の面白からむたしなみ、巌《いはほ》に花の咲かんがごとし。

(1)大和の物　大和猿楽が得意とする物まねの物。／(2)怨霊　怨み祟る亡霊。／(3)面白き　気持が解放されて快く楽しく、魅せられるさま。／(4)あひしらひ　応対者。相手役。／(5)目がけ　目をつける。／(6)物頭　頭にかぶるもの。／(7)そもそも　さて。いったい。事を説き起す時に用いる辞。／(8)道理　そうなるべき理由があること。

鬼

鬼はとりわけ大和猿楽能が得意にする物まねの物である。大切で難しい。

おしなべて怨霊、憑き物などの鬼は「面白き」の手がかりがあるので容易である。相手役に目をつけて、立ち入って綿密に足、手を動かし、頭にかぶったものを基本としてしぐさを修すれば「面白き」の手がかりになる。

真実の地獄の鬼は、よく似せると「恐ろしき」であるので、「面白き」が少しもない。真実の鬼はあまりに難しいので、真実の鬼を「面白き」に修する者は稀ではなかろうか。なんといっても、鬼の本来の姿態は「強き」「恐ろしき」であろう。「強き」と「恐ろしき」は「面白き」とは違う。

いったい、鬼の物まねは大切で難しい。よく似せると「面白き」の欠ける道理がある。

「恐ろしき」が鬼の本来の姿態である。「恐ろしき」と「面白き」とは黒と白の違いである。そういう次第であるから、鬼の「面白き」を修する修者は究極の大切なところを極めた上手というべきであろう。

そうではあるが、それも、鬼の物まねだけをよく修する者は、とりわけ「花」を知らない修者であろう。そういう次第で、年若い修者の鬼はよく修していると見えるものの少しも「面白き」がない。鬼の物まねだけをよく修する者は、鬼も「面白き」が欠けている道理があるのであろう。細密に習い学ぶべきである。鬼の「面白き」を深く心を入れて修するのは、高く大きな岩に「花」が咲いているようなさまである。

唐事《からごと》

これはおよそ各別《かくべち》(1)のことなれば、定めて稽古すべき形木《かたぎ》(2)もなし。ただ肝要出立《かんえういでたち》(3)なるべし。また、面をも、同じ人と申しながら模様《もやう》(4)の変はりたらんを着て、一体異様《いっていいやう》(5)したるやうに風体《ふうてい》を持つべし。功入りたる為手《して》(6)に似合ふ物なり。ただ出立を唐様《からやう》(7)にするならでは手立なし。何としても、音曲もはたらきも唐様といふことは、まことに似せたりとも面白くもあるまじき風体なれば、ただ一模《ひとも》様《やう》心得んまでなり。

この異様したると申すことなど、かりそめ[8]ながら諸事にわたる公案なり。何《なに》事か[9]異様してよかるべきなれども、およそ唐様をば何とか[10]似すべきなれば、常の振舞に風体変はれば、何となく唐び[11]たるやうによそ目に見なせば、やがてそれ[12]になるなり。

（1）格別　根本的に違っていること。特別であること。／（2）形木　模範とする型。基準となる手本。／（3）出立　身拵え。／（4）模様　ありさま。様子。／（5）一体異様したる　どこか様子が変っている。普通でない。／（6）功入りたる　習い学びを積み重ねた。／（7）唐様　中国風。／（8）かりそめ　ちょっとしたさま。／（9）か　格助詞。反語。……だろうか、いや……ではないの意。／（10）何とか　「何」（代名詞）＋「と」（格助詞）＋「か」（副助詞）。どのように。／（11）び　そういう様子であることをはっきり示す意の接尾辞。／（12）それ　「唐様」を指す。

唐事（唐人の物まね）

唐人の物まねはおしなべて特別のことであって、こう習い学ぶべきであるという基準となる型はない。ただ大切なのは身拵えであろう。また、面も、同じ人間といいながら様子の変っている面を着けて、どこか異なっている姿かたちで修するがよい。修練を積んだ修者に似合う物である。

ただ身拵えを唐人風にする外に遣りかたはない。どのようにしても、音曲もしぐさも唐人風というのは、真実に似せたところで「面白き」の欠けている姿かたちであるから、ただどこか異様であるように心がけるまでである。

この異様であるというのは、ちょっとしたことではあるがさまざまな事柄にわたって深く思案すべきことである。何事であれ異様であってよくはないが、だいたいがどうにかして唐人風に似せようかであるのだから、平生の振舞と姿かたちが変わっていれば、何となく唐人風であると観客が見るので、そのまま唐人の物まねになるのである。

大かた、物まねの条々、以上。この外細かなること紙筆に載せがたし。さりながら、およそこの条々をよくよく極めたらん人はおのづから細かなることをも心得べし。

だいたいのところ、物まねの条々は、以上である。この外《ほか》立ち入って綿密なことは書きしるせない。しかし、おしなべてこの条々を極めつくす修者はおのずと立ち入って綿密なことを体得するであろう。

［補説］（一）

人々が現生《げんしょう》において神・仏に出遇う出来事はさまざまである。出来事における人々の振舞は、恋に落ちた女人の詠歎、年若くありたい老人の望み、情愛の挫折に悲歎する親子・夫婦、鬼の怨念のこだわり、怒れる修羅の妄執などの情動に根差している。

猿楽能の修者は人々の振舞をふたたび現前化すべく、物まねを修する。女人、老人、物狂、親子・夫婦、鬼、修羅の振舞に似せて身拵えをし、舞、しぐさを修し、謡いを謡う。

女人の物まねは、手先を見せないように袖の長い衣を着、帯を細々しげに締める身拵えをし、顔を仰向けず、俯けず、首を強く据えないさまであり、老人の物まねは、祭礼において年若い頃のように振舞い、踊ろうとするが、太鼓、鼓、歌の拍子に遅れぎみに手を差し引きし、足を踏むさまである。

人々の振舞は現生の時・空に制約されて振舞から振舞へと移りゆく。振舞は移りゆきの姿態である「かかり」を帯びている。「かかり」は趣きとして振舞を細密に彩っている。

振舞の物まねは心を深く入れて趣きを似せなければならない。立ち入った綿密な物まねは情動の外化としての趣きの意識化である。

十全に祀られた神・仏への欲求は、現生における時・空の制約によって屈曲を余儀なくされ、情動として発出する。猿楽能における立ち入った綿密な物まねを介して意識化された情動はあでやかさを帯びている。

あでやかさは観衆を魅し、「面白き」が観衆を捉える。あでやかさには十全に祀られた天空の神・仏が映現している。「花」が現出する。

［補説］(二)

『至花道』（応永二十七年五十七歳成立）『二曲三体人形図』（応永二十八年五十八歳成立）は、物まねを二曲（音曲、舞）三体（老体、女体、軍体）に集約し、次のように説いている。

稚児は「面をも着ず、何の物まねも（修さず）、ただその名のみにて、姿は童形（稚児姿）によろしき仕立（身拵え）なるべし」。音曲、舞は人々の根源的欲求の発出の洗練された様態であって、物まねの基本である。「音曲と舞とを師に付きてよくよく習ひ極め」よ。稚児の姿態の幽玄（優雅）は、後年の物まねである三体に影を落している。

元服して男体《なんてい》になり、意識して物まねを修する。面を着け、身拵えするなど似せるべきことは多いが、物まねの基本は、老翁になるべき姿態である老体、女人になるべき姿態である女体、武人になるべき姿態である軍体の三体の習い学びである。稚児の頃に習い学んだ音曲、舞を三体に即して修する。

神さびた静かで自在な姿態は老体から、優雅で上品な豊かな趣きの姿態は女体から、身体を激しく動かし、足を高く踏む怒りの姿態は軍体から生れる。

「関心遠目」心閑《しず》かにして目は遠く見よ。

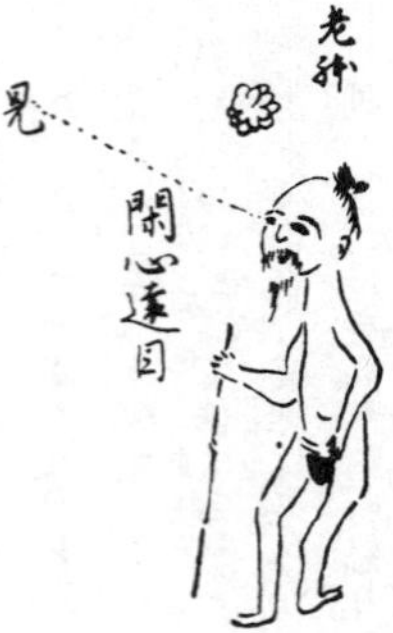

「体心捨力」心を体にして力を捨てよ。
女人になりきった心になり、身体の力を抜け。

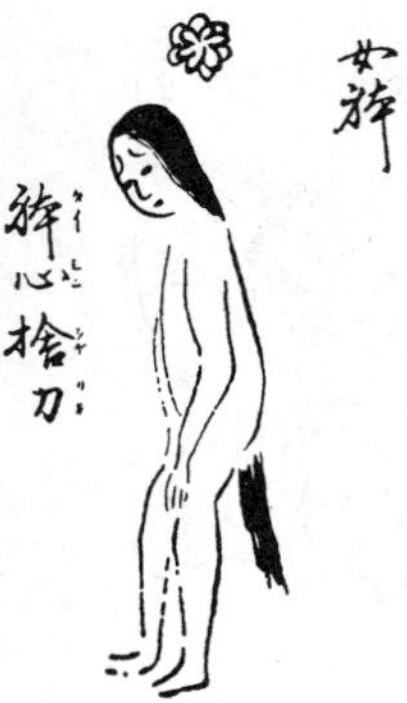

「体レ力砕レ心」　力を体にして心を砕け。
力をこめて身体を動かし、心を細かくはたらかせよ。

「形鬼心人」形は鬼なれども心は人。
心身に力を入れることなく、細やかにはたらけ。

「勢形心鬼」勢いも形も鬼。
はたらきも形も心もいかめしく、恐ろしげであれ。

「乗楽心」楽に乗る心。

音楽に乗って舞う心。天女の遊舞は人々の遊舞である三体の外であるが、女体の風を基本に置いて舞え。

風姿花伝第三問答条々《もんだふのでうでう》

問《とふ》。そもそも申楽《さるがく》(1)を始むるに、当日《たうにち》に臨《のぞ》んでまづ座敷(2)を見て吉凶《きつきよう》(3)をかねて知ることはいかなることぞや。

答《こたふ》。このこと一大事なり。その道に得たらん人ならでは心得べからず。

まづ、その日の庭(4)を見るに、今日は能良く出で来べき悪《あ》しく出で来べき瑞相《ずいさう》(5)あるべし。これ、申しがたし。

しかれども、およその料簡《れうけん》(6)を以て見るに、神事《じんじ》(7)、貴人《きにん》(8)の御前《おまへ》などの申楽に、人群集《くんじゆ》して、座敷いまだ静まらず。さる程《ほど》(9)に、いかにもいかにも(10)静めて(11)、見物衆《しゆ》申楽を待ちかねて数万《すまん》人《にん》の心一同に遅しと楽屋《がくや》を見るところに、時を得て出でて一声《いつせい》(12)をも上《あ》ぐれば、やがて座敷も時の調子《てうし》(13)に移りて、万人《ばんにん》の心為手《して》の振舞に和合《わがふ》(14)して、しみじみと(15)なれば、何とするもその日の申楽ははや良し。

さりながら、申楽は貴人の御出《おんい》でを本《ほん》(16)とすれば、もし早く御出である時はやがて始めずしては叶はず。さる程《ほど》に、見物衆の座敷いまだ定まらず、或《あるい》は後《おく》れ馳《ば》せなどにて人の立居しどろに(17)して、万人《ばんにん》の心いまだ能にならず。されば、左右《さう》なく(18)しみじみとなることなし。さやうならむ時の脇《わき》の能(19)には、物《もの》になりて(20)出づるとも、日頃より色々と振《ふ》り(21)をもつくろひ(22)、声をも強々《つよづよ》とつかひ、足踏《あしぶみ》をも少し高く踏み、立ち振舞ふ風情《ふぜい》(23)をも人の目に立つやうに生き生きとすべし。これ、座敷を静めんためなり。さやうならんに付けても、ことさらその貴人の御心《みこころ》に合ひたらん風体《ふうてい》(24)をすべし。されば、かやうなる時の脇の能十分によからんこと返々《かへすがへす》あるまじきなり。しかれども貴人の御意《ぎよい》に叶へるまでなれば、これ肝要《かんえう》なり。

何《なに》としても座敷のはや静まりて、おのづからしみたる(25)には悪きことなし。されば、座敷の競《きほ》ひ後《おく》(26)れを勘《かんが》へ(27)て見る事、その道に長ぜざらん人は左右《さう》なく知るまじきなり。

またいはく、夜の申楽ははたと変(28)はるなり。夜は遅く始まれば、定まりて湿《しめ》(29)るなり。されば、昼二番目(30)に良き能の体《てい》を夜の脇にすべし。脇の申楽湿り立ち(31)ぬれば、そのまま能は直《なほ》らず。いかにもいかにも良き能を利《と》(32)くすべし。夜は人音忽々《ひとおとそうそう》(33)なれども一声《いっせい》にてやがて静まるなり。しかれば、昼の申楽は後《のち》が良く、夜の申楽《さるがく》は指寄《さしよ》(34)り良し。指寄り湿り立ちぬれば、直《なほ》る時分左右なくなし。

秘義《ひぎ》にいはく、そもそも、一切《さい》は陰陽《いんやう》の和《くわ》する(35)所の境《さかひ》(36)を成就とは知るべし。

昼の気《き》(37)は陽気なり。されば、いかにも静めて能をせんと思ふ工《たく》みは陰気なり。陽気の時分に陰気を生ずる事、陰陽和《くわ》する心なり。これ、能の良く出で来る成就の始めなり。これ、面白しと見る心なり。

夜はまた陰なれば、いかにも浮き浮きと、やがて良き能をして人の心花めくは陽なり。これ、夜の陰に陽気を和《くわ》する成就なり。されば陽の気に陽とし、陰の気に陰とせば、和するところあるまじければ成就もあるまじ。成就なくば何《なに》か面白からん。また、昼の内《うち》にても、時によりて、何とやらん座敷も湿りて寂しきやうならば、これ、陰の時と心得て沈まぬやうに心を入れてすべし。昼は、かやうに時によりて陰気になることありとも、夜の気の陽にならんこと左右なくあるまじきなり。

座敷をかねて見るとは、これなるべし。

（1）そもそも　さて。いったい。事を説き起すさいに用いる辞。／（2）座敷　会場。円座など坐るための座を敷いた場処。／（3）吉凶　良し、悪し。成否。／（4）庭　会場。神・仏事や説経などの行なわれる場処。／（5）瑞相　前兆。めでたいきざし。／（6）料簡　考え。理解。心得。／（7）神事　寺・社の祭祀。／（8）貴人　足利義満など本来神・仏の祀りに参与していた高貴な身分の人。／（9）さる程に　そうしているうちに。／（10）いかにもいかにもどうしても。ぜひとも。／（11）静め　乱れを治め落着かせる。「静まり」の他動詞形。／（12）

一声　登場直後に高くはりあげて謡う謡い。／(13) 調子　謡いの声の高さ。／(14) 和合し　溶けあい一つになる。／(15) しみじみ　しんみりしたさま。深く心に沁みるさま。／(16) 本　基本。／(17) しどろ　乱雑な。秩序なく。乱れたさま。／(18) 左右なく　容易に。たやすく。「左右なし」の連用形。／(19) 脇の能　式三番に次ぐ脇であるところの最初（初番）の猿楽能。／(20) 物になりて　物まねの対象である物に扮して。／(21) 振り　身振り。所作。／(22) つくろひ　手を加えてかたちを整え。／(23) 風情　趣きのある姿態。／(24) 風体　姿かたち。／(25) しみたる　沁みたる。深く心に感ずる。しみじみとした趣きになる。／(26) 競ひ後れ　気分が猿楽に向かっているかまだ向かっていないか。「競ひ（勢いこんでわれ先にする意）」「後れ（とり残される意）」。／(27) 勘へて　おしはかり考えて。判断して。比較考量して。「かむがへ」の転。／(28) はたと　まったく。すっかり。／(29) 湿る　しめっぽくなる。／(30) 二番目　脇の猿楽能の姿が残っていて直ぐであるが、力がこもっていて静かな猿楽能を指すか。／(31) 立ち　ひどく……し、はっきり目立つ。「立ち」は動詞の上に付いて、その動作、状態が目立つことを示す接尾辞。／(32) 利く　疾く（＝進行がはやい）の意か。きびきびと。／(33) 怱々　あわただしいさま。／(34) 指寄り　とっつき。最初。「さし」は接頭辞。／(35) 和する　調和する。／(36) 境　境涯。様態。／(37) 気　気配。様子。

問い。いったい猿楽を修し始めるのに、当日に、なにはともあれ会場を見て成就するか否かを前もって知ることとはどういうことですか。

答え。このことは大切で難しい。猿楽を体得した修者でなくては心得られない。ともあれ、その日の会場を見ると、今日は猿楽が成就するか否かの前兆があるであろう。これは、いい難い。

しかしながら、だいたいの判断によって会場を見ると、神・仏の祭祀や貴人の前などの猿楽に、観衆が群れ集まり、会場がまだ静まっていない。そこで、どうにかこうにか会場を静めて、観衆が猿楽を待ちわびて一つ心になって遅いと楽屋を見る折に、それを逃さず登場して声をはり上げて謡いを高く謡えば、そのまま会場も謡いの声の高さに引き入れられ、観衆も修者の立居振舞に溶け合って、深く心に感じ、しんみりとなれば、どのように修しようとその日の猿楽はすでに成就である。

そうではあるが、猿楽は貴人の御出でを基本とするので、もし早く御出でになった時はすぐに始めなくてはならない。そこで、観衆の席が定まっておらず、あるいは後から駆け付けるなどして、立居が乱れていて、観衆の心が猿楽能に向かっていない。それゆえ、容易にしみじみとなることがない。そういう時の脇（初番）の猿楽能には、何物《なにもの》に扮して登場するにせよ、いつもより所作のかたちを整え、声を強めに発し、足を少し高くあげて踏み、立居振舞も趣きのある姿態が観衆に目立つように生き生きと修すべきである。これは、会場を静めるためである。そのように修するに付けても、とりわけその貴人の心に合致する姿態を修しなくてはならない。それゆえ、こういう折の脇（初番）の猿楽能が十全に良いことは決してないであろう。けれども、貴人の意向に従うまでのことであるから、これは大切なことである。

なんとしても会場がいち早く静まって、おのずからしんみりとなることは悪くない。それゆえ、会場の気分が猿楽に向かっているか否かをおしはかり考えることは、熟達していない修者には容易に知れない。

またいう。夜の猿楽はまったく違っている。夜は遅く始まれば、必ずしめっぽくなる。それゆえ、昼の二番目に修するところの力が込もっていて静かな良い姿かたちの猿楽能を夜の脇（初番）に修するがよい。脇の猿楽能がしめっぽく始まると、猿楽はそのまま直らない。良い猿楽能をできるだけきびきびと修するがよい。夜は、ざわめきがあわだたしくても登場直後の謡いですぐに静まる。そうであるから、昼は、後の猿楽能が良く、夜は、始めの猿楽能が良い。始まりがしめっぽいと、直る時は容易にない。

秘伝にいう。いったい、すべての物事は陰と陽との和合するところを成就であると知るべきである。

昼の気は陽の気である。それゆえ、なんとしても静めて猿楽能を修しようと工夫をめぐらすのは陰の気である。陽の気の時に陰の気を生ぜしめるのは、陽と陰とを和合させる心である。これは、猿楽能が良く修され、成就する端初であり、観衆が「面白き」と見る心である。

夜はまた陰の気であるから、できるかぎり身も心も弾むようにし、そのまま良い猿楽能を修して観衆の心をあでやかにするのは陽の気である。これは、夜の陰の気と陽の気とを和合させる成就である。陽の気に陽を修し、陰の気に陰を修すれば、陰陽は和合せず成就もないであろう。成就がなければどうして「面白き」があろうか。

また昼であっても、時によって、なんとなく会場もしめっぽく寂しい気配であるならば、陰の時と心得て、沈まないように心を入れて修さなければならない。昼は、このように時によって陰の気になることがあるが、夜の気が陽になることは容易にないであろう。

会場を前もって見るとは、以上である。

［補説］

群れ集まった観衆が待ちわびる折を逃さず修者が登場し、謡い、所作すると観客の心に沁みて猿楽が成就する。

猿楽は、神・仏の前や貴人の前で修される神・仏事である。貴人は、本来神・仏の祭祀に参与する尊貴な官人である。足利義満らの貴人が早く来場したならば直ちに猿楽が修されなくてはならない。その時はふだんより声を強めに出し、足を高く上げて踏み、所作が目に立つように生き生きと修するがよい。「序」の猿楽能としては十全とはいえないが、会場が静まるであろう。

『花鏡』は次のように説く。

猿楽能は、神・仏事として「序」「破」「急」から成る。会場が「破」「急」の時分に貴人が遅れて来場することがある。その時は、心を少し「序」にして「破」の良い猿楽能を修し、会場を「序」にして、「破」から「急」へとなごやかに収めるがよい。

また貴人の盛大な酒宴に一座が呼ばれることがある。酒宴がすでに「急」である時は、少し「破」の心を持って「序」をあまりねばらせることなく、早く「破」「急」へ移りゆくように修するがよい。

問《とふ》。能に序破急《じよはきふ》(1)をば何《なに》とか定む(2)べきや。

答《こたふ》。これ易《やす》き定めなり。一切《いつさい》の事《じ》に序破急あれば申楽もこれ同じ。能の風情《ふぜい》(3)を以《も》て定むべし。

まづ、脇《わき》の申楽には、いかにも本説《ほんぜつ》(4)正しきことのしとやか(5)なるが、さのみに細かになく音曲、はたらきも大かたの風体《ふうてい》にてするすると(6)易くすべし。第一祝言《しうげん》(7)なるべし。いかに良き脇の中楽なりとも、祝言欠《か》けては叶ふべからず。たとひ能は少し次《つぎ》なりとも、祝言ならば苦しかるまじ。これ序なるがゆゑなり。二番、三番になりては得たる(8)風体の良き能をすべし。ことさら挙句《あげく》(9)、急なれば揉《も》み寄せて(10)手数《てかず》を入れて(11)すべし。

また後日《ごにち》の脇の中楽には昨日の脇に変はれる風体をすべし。泣き中楽(12)をば、後日などの中ほどに良き時分を勘《かんが》へてすべし。

(1) 序破急　音楽、芸能などが時間的に展開していく順序。「序」は緩やかな導入部。「破」は緩やかであるが変化に富む。「急」は急速で最高潮。／(2) 定む　決める。選定する。／(3) 風情　趣きのある姿態。／(4) 本説　典拠である出来事。／(5) しとやか　言葉、動作などが静かで落着いているさま。／(6) するすると　物事が支障なく進行するさま。すらすらと。なめらかに。／(7) 祝言　祝い。めでたい言葉。祝福の挨拶。／(8) 得たる　得意にしている。熟達し体得している。／(9) 挙句　最後。ものの終り。／(10) 揉み寄せて　追いこむように激しく。動きを早め、畳みかけて。「揉む」は激しく揺り動かす意。「寄す」はひとところに集める、より合わせる意。／(11) 手数を入れて　舞、しぐさを尽くして。「手数」はそのことに必要な手段の数。「入る」は力をこめる意。／(12) 泣き中楽　観衆の涙を誘う悲劇的な内容の猿楽能。

問い。猿楽能に「序」「破」「急」をばどのように定めればよいのですか。

答え。定めは容易である。あらゆる物事に「序」「破」「急」があり、猿楽能も同じである。猿楽能の姿態によって定められる。

ともあれ、「序」である脇（初番）の猿楽能は、典拠である出来事が古典などで広く知られていることに基づいていて、言葉、動作が落着いていて、さほど立ち入って綿密でなく、音曲、しぐさもおおらかな姿態ですらすらとまっすぐに修するがよい。何よりもめでたさがこもっていなくてはならない。どれほど良い猿楽能であってもめでたさが欠けていては適さない。たとえ少し劣っていてもめでたさがこもっていればよろしいであろう。「序」であるからである。

「破」である二番、三番には得意とする姿かたちの良い猿楽能を修するがよい。最後の猿楽能は「急」であるから、追いこむように激しく舞、しぐさを尽くし、修するがよい。

また初日以後の脇の猿楽能には、前日とは趣きの異なる猿楽能を修するがよい。観衆の涙を誘う泣き猿楽能は、初日以降の「破」である二番、三番に良い時分を推し測り考えて修するがよい。

［補説］

『花鏡』（応永三十一年六十一歳）は『風姿花伝』を承けて猿楽能の序破急を次のように説いている。

初番に修される「序」の猿楽能は、脇の猿楽能である。式三番に次いで第一に修される猿楽能なので、脇の猿楽能とよばれる。脇の猿楽能は本格の猿楽能で、めでたさがこめられていて、古典などで広く知られている出来事が典拠である。立ち入った綿密さはなく、まっすぐで、大様で、おのずと移ってゆく猿楽能である。所作は、猿楽能の基本である舞、音曲のみである。

二番の猿楽能は、広く知られている出来事が典拠であって、「序」の姿が残っているが、脇の猿楽能と異なり、力がこもっていて、静かに落着いている。

三番から五番の猿楽能は、「破」である。物まねを介して初番、二番の猿楽能を立ち入って和らげ、綿密に砕き、時・空の制約により屈曲を余儀なくされた心情を表出する姿で、当日の中楽の要を形作っている。

「急」の猿楽能は、当日の猿楽能の最後で、「破」を尽くし、情念をいわば裸のままに突出させる姿である。動きを早め、畳みかけて、急速な舞、激しいしぐさを修する。

近年猿楽能の番数が多くなる傾向があるが、「破」の猿楽能はともあれ、「急」の猿楽能は一番だけでなければならない。

問《とふ》。申楽《さるがく》の勝負の立合《たちあひ》(1)の手立《てだて》(2)はいかに。

答《こたふ》。これ、肝要《かんえう》(3)なり。まづ(4)、能数《のうかず》を持ちて、敵人《てきじん》の能に変はりたる風体《ふうてい》を違《ちが》へてすべし。序(5)にいはく「歌道を少したしなめ(6)」とはこれなり。この芸能の作者別《べち》なればいかなる上手も心のままならず。自作なれば言葉、振舞案(7)の内《うち》なり。されば、能をせん程の者の、和《わ》才《さい》(8)あらば申楽を作らんこと易かるべし。これ、この道の命なり。されば、いかなる上手も、能を持たざらん為《し》手《て》は、一騎《いつき》当千《たうぜん》(9)の強者《つはもの》(10)なりとも、軍陣《ぐんぢん》にて兵具《ひやうぐ》のなからん、これ同じ。

されば、手柄《てがら》(11)のせいれひ(12)立合に見ゆべし。敵方《てきはう》色めきたる(13)能をすれば、静かに模様変はりて詰《つ》めどころ(14)のある能をすべし。かやうに敵《てき》人の申楽に変へてすれば、いかに敵方《てきはう》の申楽良けれども、さのみには負くることなし。もし能良く出で来れば、勝つことは治定《ぢぢやう》(15)あるべし。

しかれば、申楽の、当座に於いても能に上中下の差別《しやべつ》あるべし。

本説《ほんぜつ》正しく、珍しきが、幽玄《いうげん》にて、面白きところあらんを良き能とは申すべし。良き能を良くしたらんが、しかも出で来たらん(16)を、第一とすべし。能はそれ程になけれども、本説のままに、咎《とが》もなく良くしたらんが出で来たらむを第二とすべし。能はえせ能(17)なれども、本説の悪きところをなかなか(18)たより(19)にして骨を折りて良くしたるを第三とすべし。

（1）立合　相手となって立ち向かうこと。互いに勝負すること。観衆を惹きつけるあでやかさの優劣をめぐる競い合い。／（2）手立　事を運ぶ手段。方法。／（3）肝要　非常に大切なこと。／（4）まづ　なんといっても。／（5）序　『風姿花伝』［序］を指す。／（6）歌道を少したしなめ　「歌道は風月延年のかざりなれば尤これを用ふべし」のいい替え。／（7）案思案。考え。心をめぐらすこと。／（8）和才　和歌、和文の才学。学識。／（9）一騎当千　一人で千人の敵に対抗できること。／（10）強者　武人。／（11）手柄　手なみ。力量。／（12）せいれひ　精励。つとめ励むこと。精髄の誤写と解する説に従う。／（13）色めきたる　はなやかに勢いづいた。「色めき」は気分の動きがはっきりと見えること。／（14）詰めどころ　山場。見せ場。／（15）治定　きっと。必ず。／（16）出で来たらん　「出で来」＋「たり（完了の助動詞）」＋「ん（推量の助動詞）」。「出で来」は物が生成する。仕上がる。すぐれた。成就したの意。／（17）えせ能　似て非なる猿楽能。欠点のある劣った猿楽能。「えせ」は接頭辞。見かけは似ているが実体は異なること。質が劣っていること。／（18）なかなか　かえってむしろ。副詞。／（19）たより　手がかり。よすが。

問い。猿楽において観衆を魅するあでやかさの競い合いに勝つ遣りかたはなんですか。

答え。これは、非常に大切なことである。なんといっても、猿楽能の数々を豊富に保持し、相手方とは異なる姿かたちの猿楽能を相手方と趣きを変えて修すべきである。「歌道を少したしなめ（心掛けよ）」（「歌道は風月延年のかざりなれば尤もこれを用ふべし」のいいかえ）と『風姿花伝』［序］に書きしるしたのはこのことである。猿楽能の作者が別人であればどんなに上手な修者でも思うようにならない。自作の猿楽能であれば、言葉も立居振舞も意のままである。そういう次第で、猿楽能を修する程《ほど》の者で和歌、和文の才学があるならば、猿楽能を作るのは容易であろう。猿楽能を作るのは、猿楽の精髄である。それゆえ、どれほど上手であっても、自作の猿楽能を持っていない修者は、一人で千人の敵に対応できる武人でも戦場で武具がないのと同じである。

それゆえ、修者の力量の精髄を立合に見せるがよい。相手方がはなやかに勢いづいた猿楽能を修するならば、異なる趣きの落着いていて山場のある猿楽能を修すべきである。このように相手方と異なる趣きの猿楽能を修すれば、相手方の猿楽がどれほど良くてもさほど負けないであろう。もし猿楽能が成就するならば必ず勝つであろう。

そのようであるから、当座の修においても猿楽能に上中下の差がある。典拠である出来事が古典などで広く知られていて、「珍しき」であり、幽玄（優雅）で、

「面白き」ところのある猿楽能を良い猿楽能というべきであろう。良い猿楽能を良く修し、成就した猿楽能が第一である。品格はそれほどではないが、典拠である出来事のままに、さしたる難点もなく良く修し、成就した猿楽能が第二である。欠点のある劣った猿楽能であるが、典拠である出来事の劣ったところをかえって手がかりとし、苦心して良く修した猿楽能が第三である。

［補説］

上位の良い猿楽能は、典拠の出来事が古典などで広く知られていて、「珍しき」姿かたちで、山場があり、移りゆきが優雅で、観衆を魅する「面白き」猿楽能である。良い猿楽能を良く修し、成就したのが第一である。

中位の猿楽能は、典拠が出来事に即していて、姿かたちは「珍しき」ではないが、複雑ではなく、移りゆきがなだらかで、「面白き」ところがある猿楽能である。猿楽能はそれ程ではないが良く修し、成就したのが第二である。

下位の悪い猿楽能は、出来事に趣きが欠けている似て非なる猿楽能である。しかし修者にとって手がかりとなる姿態が一つでもあるならば猿楽能は「面白き」と見える。修者が苦心して良く修した猿楽能が第三である。悪い猿楽能であるからといって捨ててはならない。なお第六「花修云」にも論及がある。

問《とふ》。これに大きなる不審あり。はや功入《こういり》たる為手《して》の、(1)しかも名人なるに、只今《ただいま》の若為手《わかき》に勝つことあり。これ不審なり。

答《こたふ》。これこそさきに申しつる三十以前の時分の花(2)なれ。古き為手ははや花失せて古様《こやう》(3)なる時分に、珍しき花にて勝つことあり。真実《しんじち》の目利きは見分くべし。さあらば、目利き、目利かずの批判の勝負になるべきか。

さりながら、様《やう》(4)あり。五十以来まで花の失せざらん程の為手には、いかなる若き花なりとも勝つことはあるまじ。ただこれ、よき程《ほど》の上手の花の失せたるゆゑに負くることあり。いかなる名木なりとも花の咲かぬ時の木をや見ん。(5)犬桜《いぬざくら》の(6)一重《ひとへ》なりとも初花(7)の色々と咲けるをや見ん。(8)かやうの譬《たと》へを思ふ時は、一旦《いったん》の花なりとも立合に勝つは理なり。

されば、肝要、この道はただ花が能の命なるを、花の失するをも知らずもとの名望ばかりを頼まんこと古き為手の返々《かへすがへす》誤りなり。物数をば似せたりとも花のある様を知らざらんは、花咲かぬ時の草木を集めて見んがごとし。万木千草《ばんぼくせんそう》に於いて花の色もみなみな異なれども、面白しと見る心は同じ花なり。物数は少なくとも一方《いっぱう》の花を取り極《きは》めたらん為手(9)

は、一体《いってい》の名望は久しかるべし。されば、主《ぬし》の心には随分(10)花ありと思へども、人の目に見ゆるる公案なからんは、田舎《でんじゃ》の花、藪梅(11)などのいたづらに咲き匂はんがごとし。

また、同じ上手なりともその内にて重々《ぢうぢう》(12)あるべし。たとひ随分極めたる上手、名人なりとも、この花の公案なからん為手は、上手にては通《とほ》るとも花は後《のち》まではあるまじきなり。公案を極めたらん上手は、たとへ能は下がるとも花は残るべし。花だに残らば面白きところは一期あるべし。されば、まことの花の残りたる為手にはいかなる若き為手なりとも勝つことはあるまじきなり。

(1) 功入たる　長年修練を積んだ。「功」は長年の経験、習熟。年功。／(2) 三十以前の時分の花　年来稽古二十四、五の条参照。／(3) 古様　新しみがなく古くさい。／(4) 様　事情。子細。留意すべきこと。／(5) 木をや見ん　木を見るであろうか、いや見ない。「や」は反語の意の係助詞。／(6) 犬桜　「犬」は卑しめ軽んずる意、似てはいるが実は非なる意を表す接頭辞。／(7) 初花　春初めて咲いた花。／(8) 咲けるをや見ん　咲いているのを見るに相違ないの意。「や」は係助詞。／(9) 取り極めたらん　「取り」は動詞の意味や語勢を強める接頭辞。／(10) 随分　身にふさわしく。すこぶる。かなり。／(11) 藪梅　低木や草が生い茂っているところに生えている梅。／(12) 重々　さまざまな段階。幾重にも重なっていること。

問い。立合勝負をめぐって重大な疑問があります。駆け出しの若い修者が、長年修練を積んだ、しかも名人である修者に立合で勝つことがあるのは不審です。

答え。これこそさきに言った三十歳以前の時分の「花」である。古い優れた修者に「花」が無くなり新しみを失い古くさくなった頃に、観衆の眼に「珍しき」「花」で勝つことがある。真実の目利きは時分の「花」ゆえの勝利であることを見分けるであろう。従って、事は目利きと目利かずとの批判の勝負になるであろう。

そうではあるが、留意すべきことがある。五十歳以後までも「花」の失せないほどの修者には、どのような若い修者の「花」も勝つことはないであろう。ただこれは、かなりの程度の上手な修者が「花」を失っていたので負けたのである。どのような名木であっても「花」が咲いていない時の木を愛《め》ではやすであろうか。似て非なる犬桜の一重であっても、初花が色とりどりに咲いているのを愛ではやすであろう。この譬えを思うならば、ひとときの「花」でも立合に勝つのは道理である。

それゆえ、要は、猿楽においては「花」が猿楽能の精髄であるのに、「花」を失っていることを知らず、以前の名声人望ばかりを頼みにするのは古い修者の誤りである。数多くの物を似せても「花」のありようを知らない修者は、「花」が咲いていない時の草木を集めて見せているようなものである。万木千草の「花」の色つやはそれぞれに異なるが、「面白き」と見る観衆の心には同じ「花」である。似せている物の数は少なくとも一体の「花」を極めた修者は、その一体をめぐる名声人望は久しく保たれるであろう。それゆえ、当人はかなりに「花」があると思っていても、観衆の眼に見える「花」についての思案のめぐらしが欠けていれば、田舎の「花」や藪梅がむなしく美しく咲いているようなものである。

また、同じ上手な修者であってもそのうちにさまざまな段階がある。たとえかなり物まねを極めた上手、名人であっても、「花」についての思案を持たない修者は、上手であると評価されていても後年まで「花」を保てないであろう。「花」についての思案を極めた修者は、たとえ修の力量が衰えても「花」は残るであろう。「花」さえ残っていれば、「面白き」は生涯保たれるであろう。それゆえ、生涯を通して体現する真実の「花」の残っている修者にはどのような若い修者も勝つことはあり得ないであろう。

問《とふ》。能に得手《えて》得手(1)とて、ことの外《ほか》に劣りたる為手《して》も一向《ひとむ》き上手に勝《まさ》りたるところあり。これを上手のせぬは叶はぬやらん(2)、またすまじき事にてせぬやらん。

答《こたふ》。一切《いつさい》の事《じ》に得手《えて》得手とて生得《しやうとく》得たるところあるものなり。位《くらゐ》は勝《まさ》りたれどもこれは叶はぬことあり。

さりながら、これもただよき程《ほど》の上手の事にての料簡なり。まことに能と工夫との(3)極まりたらん上手はなどかいづれの向きをもせざらん。されば、能と工夫とを極めたる為手、万人《まんにん》が中にも一人《いちにん》もなきゆゑなり。なきとは、工夫はなくて慢心《まんじん》(4)あるゆゑなり。

そもそも、上手にも悪きところあり、下手にも良きところ必ずあるものなり。これを見る人もなし。主《ぬし》も知《し》らず。上手は、名を頼み、達者に隠されて、悪きところを知らず。下手は、もとより工夫なければ、悪きところをも知らねば、良きところのたまたまあるをもわきまへず。されば、上手も下手もたがひに人に尋ぬべし。さりながら、能と工夫を極めたらんはこれを知るべし。

いかなるをかしき(5)為手なりとも良きところありと見ば、上手もこれを学ぶべし。これ第一の手立《てだて》なり。もし良きところを見たりとも我《われ》より下手をば似すまじきと思ふ情識《じやうしき》(6)あらば、その心に繋縛《けばく》(7)せられて、我が悪きところをもいかさま(8)知《し》るまじきなり。これ、すなはち極めぬ心なるべし。

また下手も、上手の悪きところもし見えば、上手だにも悪きところあり、いはんや初心の我なればさこそ悪きところ多かるらめと思ひて、これを恐れて人にも尋ね、工夫をいたさば、いよいよ稽古になりて能は早く上がるべし。もしさはなくて、我はあれ体《てい》(9)に悪きところをばすまじきものをと慢心《まんじん》あらば、わが良きところをも真実《しんじち》知らぬ為手なるべし。良きところを知らねば悪きところをも良しと思ふなり。さる程に年は行けども能は上がらぬなり。これすなはち下手の心なり。

されば、上手にだにも上慢《じやうまん》(10)あらば能は下がるべし。いはんやかなはぬ(11)上慢《じやうまん》をや。よくよく公案して思へ。上手は下手の手本、下手は上手の手本なりと工夫すべし。下手の良きところを取りて上手の物数に入るること、無上至極の理《ことわり》なり。人の悪きところを見るだにも我が手本なり。いはんや良きところをや。

「稽古は強《つよ》かれ、情識《じやうしき》は無かれ」(12)とはこれなるべし。

(1) 得手得手　それぞれに得意とするところ。「得手」は得意とするところ。／(2) やらん　……のであろうか。「や(疑問の係助詞)」+「らん(現在推量の助動詞)」。／(3) 工夫　あれこれと思いめぐらして考えられる限りの方法を尽くすこと。精励努力すること。／(4) 慢心　驕り高ぶる心。うぬぼれ。／(5) をかしき　笑いたくなるような拙劣な。／(6) 情識　慢心に基づく頑迷な見解。仏教語。／(7) 繋縛　心が煩悩や妄想に縛られていること。仏教語。／(8) いかさま　どう見ても。きっと。／(9) 体　ようす。ありさま。／(10) 上慢増上慢の略語。いまだ悟り（絶対知）を得ていないのに悟ったと思い上がること。仏教語。／（11）叶はぬ　下手な修者の不相応な。「叶ふ」は無理なく条件に合う意。／（12）「稽古は強かれ、情識は無かれ」［序］参照。

問い。猿楽能にそれぞれ得意とするところがあって、並はずれて下手な修者でも或る一《いっ》体《てい》は上手な修者より優れているところがあります。それを上手な修者が修しないのはできないからか、それとも修してはいけないことなので修しないのですか。

答え。あらゆる物事において得手得手といって各人に生れつき得意とするところがあるものである。品格は優れていても下手な修者に及ばないところがある。

そうではあるが、これもかなり上手な修者の場合の心得である。修練と工夫を極めた真実の上手な修者はどのようなことであれ修し得ないことはないであろう。それゆえ、心得が入用であるのは、修練と工夫を極めた上手な修者が一万人に一人もいないからである。いないのは、工夫がなく驕り高ぶる心があるからである。

いったい、上手な修者にも悪いところがあり、下手な修者にも良いところが必ずあるものである。だがこれを見る観衆もない。当人も知らない。上手な修者は、名声人望を頼りにし、体得していることに目がくらんで、悪いところを知らない。下手な修者は、もともと工夫を欠いているから、悪いところも知らず、良いところがたまたまあっても気づかない。それゆえ、上手な修者も下手な修者も互いに他者の批判を聞くがよい。そうではあるが、修練と工夫を極めた上手な修者はこのことを知っているであろう。

どんなに笑うべき下手な修者でも良いところがあると見たならば、上手な修者もこれを習い学ぶべきである。これが熟達の第一の遣りかたである。良いところを見ても己れより下手な修者のまねをすまいと思う慢心に基づく頑迷な心があれば、その心に縛られて、己れの悪いところをきっと知らずにいるであろう。これは、猿楽能を極めていない心である。

また下手な修者も、上手な修者の悪いところをもし見たならば、上手な修者さえも悪いところがある。まして初心の己れであるからさぞ悪いところが多いであろうと思い、それを恐れて他者の批判を聞き、工夫するならば、ますます習練となり、猿楽能はいち早く上達するであろう。もしそうではなく、己れはあのように悪いところを修しないであろうものをと驕る心があれば、己れの良いところをも真実には知らない修者であろう。良いところを知らないので悪いところをも良いと思うのである。そういう次第で年齢を重ねても猿楽能が上達しない。これは下手な修者の心である。

それゆえ、上手な修者でさえも上手だという思い上りがあれば猿楽能が衰える。まして下手な修者の不相応な思い上がりはいうまでもない。

よく工夫し、深く考えよ。上手な修者は下手な修者の手本であり、下手な修者は上手な修者の手本であると工夫せよ。下手な修者の良いところを取って上手な修者の物まねの物数に加えるのは、無上至極の道理である。人の悪いところを見るのさえ己れの手本である。良いところはいうまでもない。

「習い学びに努めよ。慢心に基づく頑迷な見解を抱くことなかれ」とはこのことである。

［補説］

修者には上手な修者、下手な修者がある。落度なく舞、しぐさを修し得る修者が上手な修者で、修し得ない修者が下手である。

上手な修者も下手な修者もそれぞれに得意とする良いところがあり、上手な修者も下手な修者の良いところに及ばないことがある。だが上手な修者は名声人望に目がくらんで下手な修者の良いところに気づかず、下手な修者は工夫を欠いていて上手な修者の良いところを知らない。

慢心に基づく頑迷な見解を捨て、上手な修者は下手な修者の良いところを習い学んで己れのものとし、下手な修者は、上手な修者の悪いところを見て己れの悪いところが多いことに思い至って、習い学びを積み重ねよ。

問《とふ》。能に位の差別《しやべち》を知ることは如何《いかん》。

答《こたふ》。これ目利きの眼《まなこ》には易《やす》く見ゆるなり。およそ位の上がるとは能の重々《ぢうぢう》(1)のことなれども、不思議に十ばかりの能者《のうじや》(2)にもこの位おのれと上がれる風体《ふうてい》あり。ただし、稽古なからんはおのれと位ありともいたづら事《ごと》(3)なり。まづ、稽古の功入て位のあらんは常のことなり。また、生得《しやうとく》の位とは長《たけ》(4)なり。嵩《かさ》(5)と申すは別のものなり。多く人長《たけ》と嵩《かさ》とを同じやうに思ふなり。嵩《かさ》と申すは、ものものしく(6)勢ひ(7)のある形なり。

またいはく、嵩《かさ》は一切にわたる義なり。位、長《たけ》は別《べち》のものなり。たとへば、生得幽玄なるところあり。これ位なり。しかれども、さらに幽玄にはなき為手の長《たけ》のあるもあり。これは幽玄ならぬ長《たけ》なり。

また、初心の人思ふべし。稽古に位を心がけんは返々《かへすがへす》(8)叶ふまじ(9)。位はいよいよ叶はで、あまさへ(10)稽古しつる分《ぶん》も下がるべし。所詮《しよせん》(11)、位、長《たけ》とは生得のことにて、得ずしては大かた(12)叶ふまじ。

また、稽古の功入りて垢落ち(13)ぬれば、この位おのれと出で来ることあり。稽古とは、音曲、舞《まひ》、はたらき、物まね、かやうの品々を極むる形木《かたぎ》(14)なり。

よくよく公案して思ふに、幽玄の位は生得のものか、長《たけ》たる位は功入たるところか。心中に案を廻《めぐ》らすべし。

(1) 重々　さまざまな段階。／(2) 能者　猿楽能の修者。／(3) いたづら事　無意味なこと。無駄なこと。／(4) 長　高雅な、崇高壮大なさま。格調。／(5) 嵩　威厳のあるさま。相手を威圧する勢い。／(6) ものものしく　重々しい。威厳がある。／(7) 勢ひ　威勢。迫力。／(8) 叶ふ　思いどおりになる。願いがかなう。／(9) まじ　打消推量の助動詞。……ないであろう。／(10) あまさへ　「あまつさへ」の促音「つ」を表記しない形。それればかりか。それどころか。副詞。／(11) 所詮　つまるところ。結局。／(12) 大かた　だいたいのところ。／(13) 垢　無用な付着物。焦り。気負い。／(14) 形木　基本である型。様式。手本。

問い。猿楽能における品格の違いを知るとはどういうことですか。

答え。これは目利きの観衆の眼には容易に見える。おしなべて品格が高まるとは猿楽能の段階を経て順次高まっていくのであるが、不思議なことに十歳ほどの修者でも品格の高さがおのずと具わっていることがある。ただし、習い学びが欠けていれば生まれつきの高さも空しい。なんといっても、習い学びを積み重ねて品格が高まるのが通例である。

また、生まれつき具わっている品格とは長《たけ》（高雅）である。長は嵩《かさ》（威厳）とは別のさまである。多くの人々は長と嵩《かさ》（威厳）とを同じであると思っている。だが嵩《かさ》（威厳）というは、重々しく威勢があるさまである。

またいう。嵩はすべての所作にかかり形容する意であり、品格である長は別の辞である。例をあげていえば、生まれつき幽玄（優雅）な修者がある。これは品格である。しかし、幽玄ではなく生まれつき長（高雅）である修者がいる。これも品格である。

また、初心の修者は心得なくてはならない。修練の際に品格の高さを意図的に追求しても、得られるものではない。意図的に追求しても品格は高まらず、そればかりか修練したぶんだけ下がる。つまるところ、位である長は生まれつきのことであって、生まれつきでなければ通常得ることができない。

だがまた、修練を積み重ね、焦り、気負いがなくなれば、長の品位がおのずと高まることがある。修練とは、音曲、舞、しぐさ、物まね、これらを極める基礎である基本の型である。

よくよく考えてみるに、幽玄な品格は生まれつきの体現か、高雅な品格は修練の積み重ねによる体現であるのか。心中に思案をめぐらし、深く考えよ。

［補説］㈠

修者の品格には高雅な長《たけ》、幽玄（優雅）などがある。十歳ほどの稚児が品格の高さを具えていることもある。品格は生れつきである。意図して品格を高めようと追求すればかえって品格が下がることもある。習い学びを積み重ねることによって品格はおのずと高まるであろう。

［補説］㈡

なお、多くの注釈者によって指摘されているように、「位、長は別のものなり」に始まり、それに続く「たとえば生得幽玄なるところあり」の本文との間には、なんらかの誤脱がある。そのために、長《たけ》と嵩《かさ》、長と幽玄との関係が不分明なままに留まっていることが惜しまれる。

問《とふ》。文字(1)に当たる(2)風情《ふぜい》(3)とは何事ぞや。

答《こたふ》。これ細かなる(4)稽古なり。能にもろもろのはたらき(5)とはこれなり。体拝《たいはい》(6)、身づかひと申すもこれなり。

たとへば、言《い》ひごと(7)の文字に任せて心をやるべし。「見る」(8)といふことには物を見、「指《さ》す」「引《ひ》く」(9)などいふには手を指《さ》し、引き、「聞《きく》」「音《をと》する」などには耳を寄せ、あらゆる言《こと》に任せて身をつかへば(10)、おのづからはたらきになるなり。第一身をつかふこと、第二手をつかふこと、第三足《あし》をつかふことなり。節《ふし》(11)とかかり(12)によりて身の振舞を料簡《れうけん》(13)すべし。これは筆に見えがたし。その時に至りて、見るまま習ふべし。

この文字に当たることを稽古し極めぬれば、音曲、はたらき一心になるべし。所詮《しよせん》、音曲、はたらき一心と申すこと、これまた得たるところなり。堪能《かんのう》(14)と申さんもこれなるべし。秘事なり。

音曲とはたらきとは二つの心なるを一心になる程《ほど》達者(15)に極めたらんは、無上第一の上手なるべし。これまことに「強き」能なるべし。

また、「強き」、「弱《よわ》き」こと、多く人紛《まぎ》らかすもの(16)なり。能の品《しな》(17)のなきをば「強き」(18)と心得《え》、「弱《よわ》き」をば幽玄なると批判することをかしきことなり。何と見るも見弱りのせぬ為手《して》あるべし。これ「強き」なり。何と見るも花やかなる為手(19)、これ幽玄なり。

されば、この文字に当たる道理をし極めたらんは、音曲、はたらき一心になり、「強き」、幽玄の境(20)いづれもおのづから極めたる為手なるべし。

（1）文字　謡曲の文辞。／（2）当たる　直かに接し触れる。適合する。／（3）風情　趣きのある姿態。／（4）細かなる　立ち入った綿密な。／（5）はたらき　しぐさ。／（6）体拝　身構え。身のこなし。／（7）言ひごと　台本の文言。「言ふ」は声を出し言葉を口にする意。／（8）やる　思いきって行かせる意。／（9）「指す」「引く」「指す」は手を前に出す意。「引く」は手を引き戻す意。／（10）つかふ　はたらかせる。／（11）節　旋律。ふしまわし。／（12）かかり　移りゆき、続きがら流麗なさま。／（13）料簡　理解。わきまえること。深く思慮すること。／（14）堪能　猿楽能の修に優れた才能をもっていること。上手。／（15）達者　体得している修者。／（16）紛らかす　あいまいにする。／（17）品　品位。品格。優美さ。／（18）見弱り　良い印象が薄れること。／（19）花やか　際立って美しい。あでやか。／（20）境　境地。境涯。様態。

問い。謡曲の文辞に適合する姿態とはどういうことですか。

答え。これは立ち入った綿密な深い学びである。猿楽能のさまざまなしぐさ、身構え、身のこなしはこれである。

たとえば、謡曲の言葉である文辞に委せて心をはたらかせるがよい。「見る」という言葉の文辞にはものを見、「さす」「引く」などの言葉の文辞には手を前に出し、引き戻し、「聞く」「音する」などの言葉には耳を寄せ、あらゆる文辞に委せて身体を動かせば、おのずとしぐさになる。第一に身を動かすこと、第二に手を動かすこと、第三に足を動かすことである。謡曲の旋律および移りゆきに従って立居振舞いをわきまえよ。これは書きしるしにくい。実際の修練にあたって、師が修するのを見てそのとおりに習い学ぶがよい。

文辞に適合することを習い学び、極めるならば、音曲としぐさとが一心になるであろう。つまるところ、音曲としぐさとが一心になるとは音曲としぐさとの一体を体得することである。優れた才能をもっているというのもこの境涯であろう。これは秘伝である。

音曲としぐさとは二つであるのを一心になるほど体得し、極めた修者は、無上第一の上手な修者である。これは真実に「強き」猿楽能である。

また、「強き」、「弱き」を人々は多くの場合曖昧にしている。猿楽能の品位に欠けるさまを「強き」と心得、「弱き」をば幽玄（優雅）であると批判するのは滑稽である。どのように見ても見劣りすることのない修者があるであろう。これが「強き」である。どのように見ても際立って美しく、あでやかな修者、これが幽玄である。

それゆえ、文辞に適合する道理を身に極めた修者は、音曲としぐさとが一心になり、「強き」、幽玄の様態のいずれをもおのずと極めた修者であろう。

問《とふ》。常の批判にもしをれたると申すことあり(1)。いかやうなるところぞや。

答《こたふ》。これはことにしるす(2)に及ばず。その風情《ふぜい》(3)あらはれまじ。

さりながら、まさしくしをれたる風体《ふうてい》(4)はあるものなり。これもただ花によりての風情《ふぜい》なり。よくよく案じてみるに、稽古にも振舞にも及びがたし。花を極めたらば知るべきか。されば、あまねく(5)物まねごとになしとも、一方《いつぱう》の花を極めたらん人はしをれたるところをも知ることあるべし。

しかれば、このしをれたると申すこと、花よりもなほ上《うへ》のことにも申しつべし。花なくてはしをれどころ無益《むやく》なり。それは湿《しめ》り(6)たるになるべし。花のしをれたらんこそ面白けれ。花咲かぬ草木《くさき》のしをれたらんは何か面白かるべき。

されば、花を極めんこと一大事なるに、その上とも申すべきことなれば、しをれたる風《ふう》体《てい》返々《かへすがへす》大事なり。さるほどに、譬《たと》へにも申しがたし。

古歌にいはく、

薄霧《うすぎり》の籬《まがき》(7)の花の朝じめり　秋は夕《ゆふべ》と誰《たれ》か言ひけん(8)

またいはく、

色見えで移《うつ》ろふものは　世の中の人の心の花にぞありける(9)

かやうなる風体にてやあるべき。心中に当てて公案すべし。

(1)しをれたる　花が生気を失い、一抹のさびのある美しさになるさま。「萎《しを》る」＋「たり(完了の助動詞)」。／(2)ことに　とりわけ。／(3)風情　趣きのある姿態。／(4)風体　姿かたち。／(5)あまねし　余すところのないさま。／(6)湿りたる　勢いがなくなり、しめっぽくなるさま。／(7)籬　竹柴などで間を広く開けて作った垣。／(8)薄霧の……誰か言ひけん　藤原清輔、『新古今集』巻四秋歌上。／(9)色見えで……花にぞありける　小野小町、『古今集』巻十五恋歌五。

問い。日頃耳にする批判にしをれたるということがあります。どのような境地ですか。

答え。これは書きしるすことが困難である。この姿態は表せない。しかしながら、しをれたる姿かたちはたしかにある。これもただ「花」があっての姿態である。よくよく思いめぐらすに、習い学びにも立居振舞にも捉えられない。「花」を極めたならば知ることができようか。それゆえ、もろもろの物まねには見出せない姿態であるが、どれか一体の物まねの「花」を極めた修者はしをれたるところをも知ることができるであろう。

従って、しをれたるということは、「花」よりもさらに上の境地ともいえよう。「花」がなくてはしをれたるは意味をなさない。それは湿っているになるであろう。「花」のしをれたる姿態こそ「面白き」である。花の咲かない草木がしをれているのに何の「面白き」があろうか。

それゆえ、「花」を極めることが大切で難しいのに、その上ともいうべきことであるから、しをれたる姿かたちはさらに大切で難しい。そういう次第で、譬喩で説明することも難しい。

古歌にいわく、

うす霧のまがきの花の朝じめり　秋は夕《ゆふべ》とたれか言ひけん（藤原清輔）

（大意）霧のたえだえ流れる柴垣に「花」がしっとり濡れている朝よ。秋は夕方の趣きにかぎるとは誰が言い出したことなのか。

またいう、

色見えで移ろふものは　世の中の人の心の花にぞありける（小野小町）

（大意）目に見えないままに萎れ衰えていく恋は、世の中の人の心の「花」なのであろうか。

このような姿かたちであろうか。心の奥底に収めて思いめぐらし深く考えるべきである。

問《とふ》。能に花を知ること、この条々《でうでう》を見るに、無上第一なり。肝要なり。または不審(1)なり。

これ、いかにとして心得《こころう》べきや。

答《こたふ》。この道の奥義を極むるところなるべし。一大事とも、秘事とも、ただこの一道《いちだう》なり。まづ、大かた、稽古、物学《まね》の条々に詳しく見えたり。時分の花、声の花、幽玄《いうげん》の花、かやうの条々は、人の目にも見えたれども、その態《わざ》より出で来る花なれば、咲く花のごとくなれば、またやがて散る時分あり。されば久しからねば天下《てんが》に名望少なし。ただ、まことの花は咲く道理も散る道理も心のままなるべし。されば久しかるべし。この理《ことわり》を知らむこといかがすべき。もし別紙の口伝にあるべきか。ただ、煩《わづら》はし(2)くは心得まじきなり。

まづ、七歳より此来《このかた》年来稽古の条々、物まねの品々をよくよく心中に当てて分ち覚えて、能を尽くし、工夫を極めて後、この、花の失せぬところをば知るべし。この、物数《ものかず》を極むる心すなはち花の種《たね》なるべし。されば花を知らんと思はばまづ種を知るべし。花は心、種は態《わざ》なるべし。

古人(3)いはく、

心地含㆓諸種㆒《しんぢ(4)にもろもろのたねをふくみ》　普雨悉皆萌《あまねきあめにことごとくみなきざす》　頓悟㆓花情㆒已《とみにはなのこころをさとりをはれば》　菩提果自成《ぼだい(5)のくわおのづからなる》

およそ家を守《まも》り、芸《げい》(6)を重《おも》んずるによつて、亡父《ぼうふ》の申し置《お》きしことどもを心底《しんてい》にさしはさみて、大概《たいがい》を録《ろく》するところ、世の誹りを忘れて、道の廃れんことを思ふによりて、全《まつたく》他人の才学《さいかく》(7)に及ぼさん(8)とにはあらず。ただ子孫の庭訓《ていきん》(9)を残すのみなり。

風姿花伝条々　以上。

于時《ときに》応永七年庚辰《かのえたつ》(10)卯月《うづき》十三日

従五位下左衛門大夫《じゆごゐのげさゑもんのたいふ》(11)秦元清《はだのもときよ》(12)書《しよす》

(1) または　それとは別に。他にもう一つ。「は」は対比・限定の意の係助詞。／(2) 煩はし　事態を簡単に解決できなくて厄介だ。めんどうである。複雑である。／(3) 古人　禅宗の六祖慧能（六三八―七一三）の偈。『六祖壇経』『景徳伝灯録』などに伝えられる。／(4) 心地　各自の本心。心性。／(5) 菩提　仏の絶対知。悟り。／(6) 芸　猿楽。／(7) 才学　学識。学問。／(8) 及ぼす　肩を並べる。匹敵する。／(9) 庭訓　家訓。父から子に伝える教訓、教え。／(10) 応永七年庚辰　一四〇〇年。世阿弥三十七歳。／(11) 従五位下左衛

門大夫　興福寺や多武峰《とうのみね》の衆徒によって任ぜられたもので正式の官位ではない。／(12) 秦元清　秦氏は自称。元清は実名である。

問い。猿楽能における「花」を知ることは、この条々を見ると無上第一に大切で難しく、重要です。それは別としてよくわかっていません。「花」を知るとは、どのように心得たらよいでしょうか。

答え。「花」を知ることは猿楽能の究極の大切なところを極めることである。一大事とも、秘伝ともいうのは、「花」を知るというただ一事である。

なにはともあれ、だいたいは、年来稽古、物学《まね》の条々に詳しく書きしるしてある。それらの条々にしるした時分（それぞれの時期）の「花」、声（はっきりと快く響く声）の「花」、幽玄（優雅）の「花」は、観衆の眼に現出するが、修者の所作に体現される「花」であるから、咲く「花」のように、また間もなく散る時がある。それゆえ久しく続かず、世の中に名声人望のある修者は少ない。

ただ、生涯を通して体現される真実の「花」は、咲く道理も散る道理も思いのままであろう。それゆえ久しく保たれるであろう。

この道理を知るにはどのようにすべきか。あるいは第七「別紙口伝」に説かれるであろう。ただ、むやみに理屈で詮索すべきではない。

ともあれ、七歳以後年来稽古の条々、物まねのさまざまをよくよく心中に収め、分別して、猿楽能を修し尽くし、工夫を極めて後に、この、「花」を失わないありようを知るであろう。この、物まねの物数を尽くして修し、極める心が「花」の種である。「花」は心、種は「花」を知ろうと思うならば、なにはともあれ、種を知らねばならない。「花」は心、種は所作であろう。

慧能いわく、

心地に諸《もろもろ》の種を含み、普《あまね》き雨に悉《ことごと》く皆萌《きざ》す。頓《とみ》に花の情《こころ》を悟《さと》り已《を》はれば、菩提《ぼだい》の果《このみ》は自《おのづ》から成らん。

（大意）人は本性であるさまざまな仏法の種（仏性）を持っている。仏法を修すれば、あまねく大地に降る雨を受け、芽を出し、花が咲き、果実が稔り、仏法を体得し、すみやかに悟りを開くであろう。

大体において代々の家を守り、猿楽を重んずるゆえに、亡父観阿弥が申し残されたことを心の奥深くに留めて置いて、その大要を書きしるしたが、世の中の非難をも顧みず、猿楽の絶えることを恐れたのであり、他者の学識と肩を並べようというのではまったくない。

ただ子孫に家訓を残すだけである。

『風姿花伝』条々　以上

時に応永七年（一四〇〇）四月十三日

従五位下《じゅごいのげ》左衛門大夫《さえもんのたいふ》　秦元清《はだのもときよ》　書す

風姿花伝第四神儀《しんぎ》(1)云《にいはく》

一、申楽、神代《かみよ》の始まりと云《いっ》ぱ、天照大神《あまてるおほんがみ》天《あま》の岩戸《いはと》に籠り給ひし時天下《てんが》常闇《とこやみ》に成りしに、八《や》百万《ほよろづ》の神達《かんだち》天香具《あまのかぐ》山に集まり、大神《おほんがみ》の御心(2)をとらんとて神楽《かぐら》(3)を奏し、細男《せいなう》(4)を始め給ふ。中にも天《あま》の鈿女《うずめ》の尊《みこと》(5)進み出で給ひて、榊《さかき》(6)の枝に幣《しで》(7)を付けて、声を上《あ》げ、火処焼《ほどろや》き(8)、踏《ふ》み轟《とどろ》かし、神憑《かんがか》りすと歌《うた》ひ舞奏《まひかな》で給ふ。その御声ひそかに聞えければ、大神岩戸を少し開き給ふ。国土また明白たり。神達の御面白《おんおもてしろ》かりけり(9)。その時の御遊《おんあそ》び、申楽の始め、と云々《うんぬん》。詳しくは口伝《くでん》(10)にあるべし。

（1）神儀　神・仏の祭祀に関わること。「儀」は体言についてそれが主題であることを示す辞。／（2）心　機嫌。／（3）神楽　神を祀るべくかがり火を焚き、神楽歌を歌い舞って夜を明かす儀礼。／（4）細男《せいなう》　神楽において人長（舞人の長）の舞に次いで、もどき（滑稽な舞）を舞う人。才男《ざえのをのこ》とも。／（5）天の鈿女の尊　高天原の巫女であるアメノウズメ（「ウズ」は髪飾り）。／(6) 榊　神域に植える常緑樹。枝葉を神事に用いた。／(7) 幣《しで》　神前に供える幣《ぬさ》の一種。／(8) 火処焼き　神前でかがり火（庭火）を焚き。／(9) 神達の御面白かりけり　『拾玉得花』に「天の香具山の神楽の遊楽に愛で給ひて、大神（アマテラス）岩戸を開かせ給ひし時、諸神の面《おもて》ことごとくあざやかに見え初めしを以て「面白」と名付け初められしなり」と説かれている。／(10) 口伝《くでん》　奥義や秘伝を口頭で教え、授けること。それを書きしるしたもの。

一、猿楽の神代の始まりというのは、天照大神が天の岩戸に籠られた時世界が暗闇になったが、多くの神々が天香具山《あまのかぐやま》に集まり、大神の機嫌を取ろうとしてかがり火を焚き、神楽歌を歌い舞い、舞人の長に次《つ》いで細男《せいのう》がもどいて滑稽に歌い舞った。なかでも天鈿女《あまのうずめの》尊《みこと》が進み出て、榊の枝に幣《しで》を付けて手に持ち、声を上げて歌い、かがり火を焚き、槽《うけ》（穀物を入れておくもの）を伏せて激しく踏みしめ、〈もの神〉が依り憑いて歌い舞った。その声がかすかに聞こえて、大神が岩戸を少し開けられた。国土世界がまた明るくなった。その神々の面《おもて》（顔）が明らかに――「面白き」に――なった。その時の遊宴が猿楽の始まりである、と伝えている。詳しくは口伝に譲る。

［補説］

「面白き」は、大野晋ほかの『古語辞典』によれば、「おも」は面、正面、面前。「しろし」は白し（明るく、はっきりしている、明確だ）で、明るい風景や明るいものを見て眼の前がぱっと開ける、また気分が晴れ晴れとする意の形容詞の連体形で、気持が解放されて快く楽しく、魅せられるさま、感興がわくさまを指す。詳しくは第七「別紙口伝」参照。

一、仏在所《ぶつざいしよ》(1)には、須達長者《しゆだつちやうじや》(2)祇園精舎《ぎをんしやうじや》を建てて供養《くやう》(3)の時、釈迦《しやか》如来御説法ありしに、提《だい》婆《ば》(4)一万人の外道《げだう》(5)を伴ひ、木の枝、篠《ささ》の葉に幣《しで》を付《つ》けて踊り叫《さけ》めば御《おん》供養展《の》べがたかりしに、仏《ほとけ》舎利弗《しやりほつ》(6)に御目を加へ給へば(7)、仏力《ぶつりき》を受け、御後戸《おんうしろど》(8)にて鼓《つづみ》、唱歌《しやうが》(9)をととのへ、阿難《あなん》(10)の才《さい》覚《かく》(11)、舎利弗《しやりほつ》の智恵《ちゑ》、富楼那《ふるな》(12)の弁説《べんぜつ》にて六十六番の物まねをし給へば、外道、笛、鼓の音を聞きて後戸《うしろど》に集まり、これを見て静まりぬ。その隙《ひま》に如来供養を展《の》べ給へり。それより天《てん》竺《ぢく》にこの道は始まるなり。

(1) 仏在所　釈迦仏の生まれたところ。天竺（古代インド）。／(2) 須達長者　南天竺舎衛城の資産家で、祇陀《ぎだ》太子の園林を買い求め、祇園精舎を建立し、釈迦仏に寄進した。／(3)

供養　仏や死者の霊前に飲食物などを供え、読経し、礼拝すること。／(4)　提婆　提婆達多《だいばだった》。阿難の兄で釈迦仏の従弟。釈迦仏を妬んで敵対し、無間地獄に陥ちたとされる。／(5)　外道　異教徒。仏教以外を信ずる人々を仏教の側からいう語。／(6)　舎利弗　釈迦仏の十大弟子の一。智慧第一。釈迦仏より年長であった。／(7)　御目を加へ　目くばせをする。／(8)　後戸　天台系寺院の常行堂の背後をいう。魔多羅神《またらしん》（狩衣を着て鼓を打つ姿をした常行堂の守護神）を祀る。／(9)　唱歌　声明の最初の音の調子。／(10)　阿難　釈迦仏の十大弟子の一人。釈迦仏の従弟で侍者として二十五年釈迦仏に仕えた。多聞第一。／(11)　才覚　才知と学問により得た知恵。／(12)　富楼那　釈迦仏の十大弟子の一人。説法にすぐれていた。弁説第一。

一、釈迦仏が生まれた天竺（古代インド）では、須達《すだつ》長者が祇園精舎を建立し、供養の法会の時、釈迦仏が仏法を説かれたが、提婆達多《だいばだった》が一万人の異教徒を引き連れ、木の枝、笹に幣《して》を付けて踊り叫んだので法会が修し難くなった時、釈迦仏が舎利弗《しゃりほつ》に目くばせをされ、釈迦仏の意思を感受し、常行堂の背後の後戸《うしろど》で鼓を打ち、吟詠し、阿難《あなん》の才覚、舎利弗の智恵、富楼那《ふるな》の弁説によって六十六番の物まねが修されると、異教徒は笛、鼓の音を聞いて後戸に集まって、物まねを見て静まった。その間に釈迦仏が仏法を説かれた。それ以来天竺で猿楽が始まった。

一、日本国《にっぽんごく》に於いては、欽明天皇《きんめいてんわう》(1)の御宇《ぎよう》に大和国泊瀬《やまとのくにはつせ》の河(2)に洪水《こうずい》の折節《をりふし》、河上《かはかみ》より一つの壺《つぼ》流れ下《くだ》る。三輪《みわ》の杉の鳥居(3)のほとりにて雲客《うんかく》(4)この壺を取る。中にみどり子《こ》(5)あり。かたち柔和《にうわ》にして玉のごとし。これ、降人《ふりびと》(6)なるがゆゑに内裏《だいり》に奏聞《そうもん》す。その夜御門《みかど》の御夢にみどり子のいはく、「我はこれ、大国秦始皇《たいこくしんのしくわう》(7)の再誕《さいたん》なり。日域《じちゐき》に機縁《きえん》(8)ありて今現在す」といふ。御門奇特《きどく》(9)に思《おぼ》しめし、殿上《てんじやう》に召さる。成人にしたがひて才智人に越えば年十五にて大臣《おとど》の位に上《のぼ》り、秦《しん》の姓《しやう》を下さるる。「秦《しん》」といふ文字「はだ」なるがゆゑに秦河勝《はだのかうかつ》(10)これなり。

上宮太子《じやうぐうたいし》(11)天下《てんが》少し障《さは》りありし時、神代《かみよ》、仏在所《ぶつざいしよ》の吉例に任《まか》せて、六十六番の物まねをかの河勝に仰せて、同じく六十六番の面《めん》を御作《ごさく》にて、すなはち河勝に与へ給ふ。橘《たちばな》(12)の内《だい》裏紫宸殿《りししんでん》(13)にてこれを勤《きん》ず。天下治《おさ》まり、国静かなり。

上宮太子末代のため、神楽《かぐら》なりしを「神」といふ文字の偏《へん》を除《の》けて、旁《つくり》を残し給ふ。これ、日暦《ひよみ》の「申《さる》」なるが故に「申楽《さるがく》」と名づく。すなはち楽しみを申《まを》すによりてなり。または「神楽」を分《わ》くればなり。

かの河勝欽明《きんめい》、敏達《びだつ》、用明《ようめい》、崇峻《しゆしゆん》、推古《すいこ》(14)、上宮太子に仕へ奉り、この芸をば子孫に伝へ、化人《けにん》(15)跡《と》を留めぬによりて摂津国難波《せつつのくになには》(16)の浦よりうつほ舟《ぶね》(17)に乗りて風に任せて西海《さいかい》に出《い》づ。播《はり》磨国坂越《まのくにしやくし》の浦(18)に着く。浦人舟を上《あ》げて見れば、かたち人間に変れり。諸人《しょにん》に憑《つ》き祟《たた》りて奇《き》瑞《ずい》(19)をなす。すなはち神と崇《あが》めて国豊《くにゆた》かなり。「大きに荒《あ》るる」と書きて、大荒大明神《たいくわうだいみやうじん》(20)と名付《づ》く。今の代に霊験《れいげん》(21)あらたなり。本地《ほんぢ》毘《び》沙門天王《しやもんわう》(22)にてまします。上宮太子守屋《もりや》の逆臣《げきしん》(23)を平《たひ》らげ給ひし時も、かの河勝が神通方便《じんづうはうべん》(24)の手にかかりて守屋は失せぬと、云々《うんぬん》。

(1) 欽明天皇　第二十九代。在位五三九―五七一。『日本書紀』欽明天皇即位前紀は天皇が霊夢によって秦大津父《はだのおおつち》を重用した説話を載せている。／(2) 泊瀬の河　初瀬川。長谷寺の奥から流れ出て三輪山の麓を回り大神《おおみわ》神社の前を流れる。／(3) 三輪の杉の鳥居　三輪明神の杉の鳥居。歌枕。／(4) 雲客　殿上人。昇殿を許された四位、五位の者および六位の蔵人。／(5) みどり子　三歳ぐらいまでの嬰児《えいじ》。／(6) 降人　天空から降りてきた人。／(7) 大国秦始皇　大唐（中国）の秦の始皇帝。在位西暦前二四六―二一〇年。／(8) 機縁　事柄が起きる縁。来由。事歴。「機」は機会。／(9) 奇特　神・仏などの現わす不思議。類いなく珍しいこと。／(10) 秦河勝　秦氏は応神天皇の時に来日した弓月君の子孫で、秦河勝は推古十一年（六二一）聖徳太子から仏像を授かり、広隆寺を建立したと伝える。／(11) 上宮太子　聖徳太子（五七四―六二二）。父は用明天皇。推古天皇の皇太子として仏法興隆に尽力したと伝えられる。／(12) 橘　奈良県高市郡明日香村橘にある寺。／(13) 紫宸殿　内裏の正殿。南庭は儀式の場。／(14) 欽明……推古　五三一―六二八の五代の天皇。／(15) 化人《けにん》　衆生を救済すべく仏、菩薩が人の姿となったありよう。／(16) 摂津国難波の浦　大阪市上町台周辺の海辺。／(17) うつほ舟　大木の中空をくり抜いた舟。／(18) 播磨国坂越の浦　兵庫県赤穂市坂《さ》越《こし》の海辺。／(19) 奇瑞　不思議な現象。／(20) 大荒大明神　大避《おおさけ》明神。坂越の大避神社の祭神。／(21) 霊験　神・仏に祈ることに対して感応し、生起する不思議なこと。／(22) 本地毘沙門天王　大避明神の本地（本体）は毘沙門天（多聞天。四天王の一人。北方を守護する武神）で、衆生救済のため仮に日本の神として垂迹《すいじゃく》（迹を垂れる、姿を現わす）した存在である、の意。／(23) 守屋の逆臣　排仏派の物部守屋は蘇我馬子、聖徳太子と戦い、敗死した。／(24) 神通方便　修行によって得られた自在な手段。

一、日本国では、欽明天皇の御代に大和国初瀬川に洪水があった時、川上から一つの壺が流れ下ってきた。三輪神社の杉の鳥居のあたりで殿上人がこの壺を拾い上げると、中に嬰児《えいじ》がいた。容貌はやさしげで玉のように美しかった。天空から降りてきた人ゆえ宮廷に申し上げた。その夜天皇の夢に嬰児が現れ、「己《おの》れは大唐の秦の始皇帝の生れ替りである。日本国に前生の因縁があってやって来た」と語った。天皇は不思議に思い、宮中に召された。成人するにつれて才智抜群で十五歳で大臣となり、秦《しん》の姓を賜った。「秦」の文字は「はだ」と読むので秦河勝《はだのかうかつ》がその人である。

天下に争乱があった時、聖徳太子は神代、天竺の吉例にならって、六十六番の物まねを秦河勝に命じ、同時に六十六番の面を作り、河勝に与えられた。河勝は橘の宮廷の紫宸殿で六十六番を修した。天下は治まり、穏やかになった。

聖徳太子は後世の安穏、豊穣を祈って、「神楽」の「神」という文字の偏《へん》を除き、旁《つくり》の「申」を残された。「申」は暦の干支の「申《さる》」なので「申楽《さるがく》」と名づけた。楽しみを申すという意の命名である。また「神楽」を分けるという意でもあった。

秦河勝は欽明、敏達、用明、崇峻、推古の各天皇および聖徳太子に仕え、申楽（猿楽）を子孫に伝え、化人（神・仏が姿を変えた存在）は跡を残さないので摂津国難波《なにわ》浦からうつほ舟（大木をくり抜いた舟）に乗って風任せに西海に出た。舟は播磨国坂越《しゃくし》浦に着いた。浦人が舟をひき上げてみると、容貌は人間ではなく、人々に依り憑いて不思議な出来事を起こした。神として祀り崇めると国土が豊かになった。「大きに荒るる」と書いて、大荒大明神と名付けた。現今も霊験あらたかである。本地は毘沙門天である。聖徳太子が排仏の逆臣である物部守屋を平らげた時も、秦河勝の神通力の手段によって守屋は敗死したと伝えられる。

一、平《たひら》の都にしては、村上天皇(1)の御宇《ぎょう》に昔の上宮太子の御筆《おんふで》の申楽延年《さるがくえんねん》の記を叡覧《えいらん》なるに、まづ神代、仏在所の始まり、月氏《ぐわつし》(2)震旦《しんだん》、日域《じちゐき》に伝はる狂言綺語《きやうげんきぎよ》(3)を以《も》て讃仏《さんぶつ》、転法輪《てんぽうりん》(4)の因縁《いんえん》を守り、魔縁《まえん》(5)を退け、福祐《ふくいう》(6)を招く。申楽舞を奏すれば、国穏やかに、民静かに、寿命長遠《ちやうをん》なり、と太子の御筆あらた(7)なるによて、村上天皇申楽を以《も》て天下《てんが》の御祈禱《きたう》たるべきとて、その頃かの河勝この申楽の芸を伝ふる子孫、秦氏安《はだのうぢやす》(8)なり。六十六番申楽を紫宸殿《ししんでん》にて仕《つかまつ》る。その頃紀《き》の権《ごん》の守《かみ》(9)と申す人、才智の人なりけり。これは、かの氏安が妹婿《いもうとむこ》なり。これをもあひ伴《とも》なひて申楽をす。

その後《のち》、六十六番までは一日《いちにち》に勤めがたしとて、その中《なか》を選びて、稲経翁《いなつみのおきな》(10)〈翁面《おきなおもて》〉(11)、代経翁《よなつみのおきな》(12)〈三番申楽《さんばんさるがく》〉(13)、父助《ちちのぜう》(14)、これ三つを定む。今の代の式三番《しきさんばん》(15)、これなり。すなはち法《ほつ》、報《ぼう》、応《おう》の三身《さんじん》(16)の如来をかたどり奉る所なり。式三番の口伝別紙にあるべし。

秦氏安より光太郎《みつたらう》(17)、金春《こんぱる》(18)まで廿九代の遠孫《ゑんそん》なり。これ大和国円満井《やまとのくにゑんまんゐ》の座(19)なり。同じく氏安より相伝《あひ》へたる聖徳太子の御作《ごさく》の鬼面、春日《かすが》の御神影《ごしんえい》(20)、仏舎利《ぶつしやり》(21)、これ三つこの家に伝はる所なり。

(1) 村上天皇　第六十二代。在位九四六―九六七。／(2) 月氏　古代、中国の西域にいた民族。げっし。／(3) 狂言綺語　「狂言」は道理に外れた言葉、「綺語」は偽り飾った言葉。物語、歌舞、音曲などを指す。／(4) 転法輪　仏法を説き広めること。／(5) 魔縁　ひとの心を惑わす悪魔。それらがもたらす障碍《しょうげ》。／(6) 福祐　神から授かるたすけ。幸福。／(7) あらた　神・仏の霊験がはっきり現れるさま。／(8) 秦氏安　村上天皇の策問（進士の試問）である「弁ズ二散策ヲ一」の対策（答案）の作者として散楽得業生正六位上行兼腋陣吉上秦宿禰《ぎょうけんわきのじんのきちじょうはだのすくね》氏安の名が『本朝文粋』巻三に見える。／(9) 紀の権の守　もと奈良の元興寺におり、のち近江に下って日吉神社の猿楽に奉仕したと伝えられる。／(10) 稲経翁　大嘗祭に登場する稲実公《いなのみのきみ》に由来する名とする説に従う。／(11) 翁面　翁猿楽の修者のシテの古名。白色助の面を着けて舞う。／(12) 代経翁　名称の由来未詳。／(13) 三番中楽　三番叟《さんばそう》の古名。翁猿楽は父助《ちちのぜう》、翁、三番叟の順に舞うので三番目に舞う猿楽の意であろう。後半黒色助の面を着けて舞う。／(14) 父助　翁猿楽に延命冠者と一対で舞った。／(15) 式三番　翁猿楽の古名。現今では翁、三番叟、千歳《せんざい》（父助から露払《つゆはらい》、千歳にかわった）が舞う。／(16) 三身の如来　仏の三つの身体。「法身」は永遠不変の絶対知そのものを指し、「応身」は衆生を救済すべく歴史的世界に現れた釈迦仏の身体を指し、「報身」は菩薩であった時誓願を立て修行の成就によってその報いとして得た身体を指す。／(17) 光太郎　禅竹の祖父金春権守の長兄。毘沙王権守《びしやおうごんのかみ》の子。円満井《えんまんい》座第二十七世の棟梁。観阿弥とほぼ同時代に活躍し、鬼能を得意としたと伝えられる。／(18) 金春　金春弥三郎。光太郎の弟の金春権守の子で、禅竹の父。／(19) 円満井の座　竹田の座とも。金春座の古名。奈良県磯城《しき》郡田原本町《たわらもとちょう》西竹田にあった。大和猿楽で最も古い由緒の座。／(20) 春日の御神影　春日五所白鹿御神影を指すか。／(21) 仏舎利《ぶっしゃり》　釈迦仏の遺骨。

一、平安京になって、村上天皇の御代に昔聖徳太子の書かれた『申楽延年の記』を御覧になると、猿楽は神代、天竺に始まり、天竺、震旦（中国）、我が国に伝わる狂言綺語（物語、歌舞、音曲）によって仏法を讃歎し、説き広め、悪神を退け、福運を招く。猿楽の舞を修すれば、国土は安穏で、民は静謐、寿命は長遠である、と自筆でしるしておられるので、天皇は猿楽を以て天下の祈禱とすべく定められた。その頃秦河勝の猿楽を伝えていたのは子孫の秦氏安で、六十六番の猿楽を紫宸殿で修した。その頃紀権守という人がいて、才智に優れ氏安の妹婿であった。この人を引き連れて猿楽を修したのである。

その後、六十六番を一日に修することは困難であるとして、その中から選んで、稲経《いなつみの》翁《おきな》（白色助の面を着けて舞う）、代経翁《よなつみのおきな》（三番《さんば》叟《そう》。黒色助の面を着けて舞う）、父助《ちちのぜう》（延命冠《えんめいか》者《じゃ》とともに舞った。廃《すた》れて、露払から千歳《せんざい》になった）の三つを定めた。現今の式三番（翁、三番叟、父助）がこれである。式三番は法身、報身、応身の三身の仏の姿かたちを写し取らさせていただいている。式三番についての口伝は別紙に詳しい。

秦氏安から金春光太郎を経て金春弥三郎が二十九代の遠孫にあたる。金春座は大和円満井の座である。氏安以来代々伝える聖徳太子自作の鬼の面、春日神社の春日五所白鹿御神影、釈迦仏の遺骨の三つは金春座に伝わる。

一、当代に於《お》いて、南都興福寺《なんとこうぶくじ》の維摩会《ゆいまゑ》(1)に、講堂(2)にて法味《ほふみ》(3)を行《おこな》ひ給ふ折節、食堂《じきだう》にて舞《まひ》延年《えんねん》(4)あり。外道《げだう》を和《やは》らげ、魔縁《まえん》を静む。その間《ま》に食堂前にて、かの御経《おんきやう》を講《かう》じ給ふ。すなはち祇園精舎《ぎをんしやうじや》の吉例《きちれい》なり。

しかれば、大和国春日・興福寺神事行《じんじおこな》ひ(5)とは、二月二日、同《おなじく》五日(6)宮寺《みやでら》(7)に於《お》いて四座《よざ》の中楽一年中の御神事始めなり。天下太平の御祈禱なり。

(1) 維摩会　十月十日から十六日まで維摩経を講読し供養する法会。南都三大会の一つ。／(2) 講堂　維摩堂とも。説法や講義をする建物。東に食堂があった。／(3) 法味　仏法のしみじみとした味わい。／(4) 舞延年　延年の舞。法会のあとの遊宴の席での寺僧や稚児による猿楽や舞。「延年」は長寿祈願の意。仏教語。／(5) 神事行ひ　神・仏事であるところの薪猿楽。「行なひ」は法式に則《のっと》って修する意。／(6) 二月二日、同五日　薪猿楽は二月二日夜の興福寺西金堂の行事に始まり、三日夜は東金堂の行事、五日は春日神社の神前で外山、結崎、坂戸、円満井四座の長が式三番を修した。／(7) 宮寺　神社、寺院。

一、当代において、奈良興福寺の法会である維摩会の際、講堂で仏法が説かれ、供養がなされる時、東の食堂で延年の舞が修される。仏法に敵対する異教の輩《ともがら》の心を和らげ、悪神を静め、その間に食堂の前で維摩経が講ぜられる。祇園精舎で釈迦仏が仏法を説いた吉例に基づく仏事である。

そうであるから、大和春日神社・興福寺の神・仏事である薪猿楽は、二月二日夜の興福寺西金堂の行事に始まり、二月五日の春日神社の神事に至るが、神社、寺院における大和猿楽四座の猿楽の実修は、一年間の神・仏事の始まりであり、天下泰平の祈願である。

一、大和国春日御《やまとのくにかすがのご》神事相随《じんじにあひしたがふ》　申楽四座[1]。
外山《とび》[2]　結崎《ゆふざき》[3]　坂戸《さかど》[4]　円満井《ゑんまんゐ》

一、江州日吉御《がうしうひえのご》神事相随《じんじにあひしたがふ》　申楽三座[5]。
山階《やましな》[6]　下坂《しもさか》[7]　比叡《ひえ》[8]

一、伊勢、主司《しゆし》[9]、二座[10]。

一、法勝寺《ほつしようじ》[11]　御修正《みしゆしやう》[12]　参勤《にさんきんの》申楽三座[13]。
〈河内住《かはちぢゆう》〉新座[14]　〈丹波《たんば》〉本座[15]　〈摂津《せつつ》〉法成寺《ほうじやうじ》[16]
この三座、同《おなじく》賀茂《かも》、住吉御神事《すみよしのごじんじ》[17]にも相随《あひしたがふ》。

(1) 四座　大和猿楽の四座（宝生、観世、金剛、金春）。／(2) 外山　宝生座の古名。奈良県桜井市外山《とび》にあった。／(3) 結崎　観世座の古名。同県磯城《しき》郡川西村結崎《ゆふざき》にあった。／(4) 坂戸　金剛座の古名。同県生駒郡三郷町立野付近にあった。／(5) 三座　近江猿楽上《かみ》三座。三兄弟の流れと伝えられる。／(6) 山階　滋賀県長浜市山階《やましな》町にあった。／(7) 下坂　同市坂中町、下坂浜町付近にあった。／(8) 比叡　同県大津市坂本本町《ほんまち》の日吉神社付近にあった。／(9) 主司　呪師《しゆし》の当て字。「呪師」は法会で加持祈禱を修する僧、また法会のあとで呪師の修する呪法の意味を舞などのかたちで解き明かした者を指す。呪師猿楽は後者が鼓などを鳴らし舞う神・仏事。伊勢には呪師猿楽の和屋《わや》座と勝田《かつた》座の二座があった。／(10) 二座　和屋座、勝田座を指す。／(11) 法勝寺　白河天皇創建の大寺。京都市左京区岡崎付近にあった。／(12) 御修正　修正月会。正月始めに仏に罪過を懺悔し、安穏、豊穣を祈る法会。／(13) 三座　観阿弥の進出以前から京都近辺で活躍した古い猿楽座。／(14) 新座　榎並《えなみ》座。河内は摂津の誤り。大阪市城東区野江《のえ》付近にあった。／(15) 本座　矢田《やた》座。京都府亀岡市矢田町にあった。／(16) 法成寺　宿《しゆく》座。茨木《いばらぎ》市宿久庄《しゆくしよう》付近にあった。／(17) 賀茂、住吉御神事　京都市の上賀茂・下鴨神社の御手代《みてしろ》祭、大阪市住吉神社の御田植神事。

一、大和国春日神社の神事に参勤する猿楽は大和猿楽四座である。

外山《とび》（宝生）　結崎《ゆふざき》（観世）　坂戸《さかど》（金剛）　円満井《ゑんまんゐ》（金春）

一、近江国《おうみ》日吉《ひえ》神社の神事に参勤する猿楽は近江猿楽上《かみ》三座である。
山階《やましな》　下坂《しもさか》　比叡《ひえ》

一、伊勢国《いせ》には呪師《しゆし》猿楽（法会で加持祈禱を修する僧である呪師の呪法の意味を説き明かす猿楽）が二座（和屋《わや》、勝田《かつた》）ある。

一、京都法勝寺《ほつしようじ》の修正月会に参勤する猿楽は三座である。
摂津《せつ》の新座（榎並《えなみ》座）　丹波《たんば》の本座（矢田《やた》座）　摂津の法成寺《ほふじやうじ》座（宿《しゆく》座）

この三座は京都の賀茂神社および摂津の住吉神社の神事にも参勤する。

［補説］（一）
天照大神《あまてるおほんがみ》が天の岩戸に籠った時、神々が集まり、かがり火を焚き、天鈿女尊《あまのうずめのみこと》が榊《さかき》の枝に幣《して》を付けて歌い舞った。天照大神の祭祀がなされるようになり、神々の面《おもて》も明らかに――「面白《おもしろ》き」に――なった。

提婆達多が法会を妨げた時、仏弟子らが常行堂の後戸で物まねを修し、騒ぎを静め、釈迦仏は無事説法を終えた。

神代、天竺における猿楽の始まりである。欽明天皇の代に天空から秦河勝が日本に降りて来た。聖徳太子は面を制作し、神代、天竺の吉例にならって秦河勝に神楽を命じ、「神楽」の文字の偏を除き、「中楽」と名づけた。世阿弥が依拠している「申楽」という表記の淵源である。秦河勝はうつほ舟に乗って西海に出て大荒大明神になった。本地は毘沙門《びしゃもん》天《てん》である。

聖徳太子の『中楽延年の記』に基づいた村上天皇の命により、世の中の諸人の安穏長寿をもたらす六十六番の物まねが、秦河勝の子孫の秦氏安《はだのうぢやす》らによって宮廷の紫宸殿で修された。

六十六番から法身、報身、応身の釈迦仏三身をかたどった式三番が選ばれた。式三番は稲経翁《いなつみのおきな》、代経《よなつみの》翁、父助《ちちのじょう》の舞から成る。

大和猿楽四座最古の金春座《こんぱるざ》光太郎、弥三郎は秦氏安二十九代の遠孫である。聖徳太子制作の鬼の面、春日神社の神影、仏舎利は金春座に伝わる。興福寺・春日神社の年間の神・仏事は、大和猿楽四座による猿楽から始まる。

［補説］㈡

なお『風姿花伝』は漢文訓読体で、禅宗を中心とする仏教語が以下のように頻出する。

情識　堪能　果報　公案　得法　繋縛　上慢　延年　戯笑　円明　相応　安立　眼精
臈

［風姿花伝第五］ 奥義云《あうぎにいはく》

そもそも(1)『風姿花伝』の条々、大かた(2)外見《ぐわいけん》の憚《はばか》り、子孫の庭訓《ていきん》のためしるすといへども、ただ望むところの本意(3)とは、当世この道の輩《ともがら》(4)を見るに、芸のたしなみ(5)はおろそかにて非道のみ行《ぎやう》じ、たまたま当芸に至る時も、ただ一夕《いつせき》(6)の戯笑《けせう》(7)一旦《いつたん》(8)の名利《みやうり》(9)に染《そ》みて、源を忘れて流れを失ふこと、道すでに廃《すた》る時節かとこれを嘆くのみなり。

しかれば、道をたしなみ芸を重んずるところ、私なくばなどかその徳(10)を得ざらん。ことさら(11)この芸その風《ふう》(12)を継《つ》ぐといへども、自力(13)より出づる振舞あれば語にも及びがたし(14)。その風を得て心より心に伝ふる花(15)なれば『風姿花伝』と名付く。

（1）そもそも　いったい。さて。事を説き起すさいに用いる辞。／（2）大かた　総じて。だいたいのところ。／（3）本意　本心。本来の意思。／（4）輩　同輩。仲間。／（5）たしなみ　深く心を入れた修練。／（6）一夕　短い時間の喩え。／（7）戯笑　はかないたわぶれ。

戯れて笑い声をたてること。百衆学戒の一つ。仏教語。／(8)一旦　ひとあさ。短い時間の喩え。／(9)名利　世間的な名声と現世的な利益。／(10)徳　利益。財力。／(11)ことさら　とりわけ。格別。／(12)風　ならわし。先人の修のさま。／(13)自力　己れの力量。／(14)語にも及びがたし　言葉では説明しきれない。「及ぶ」は達する、届くの意。／(15)心より心に伝ふる　以心伝心。心から心へと伝えること。仏教語。

そもそも『風姿花伝』の条々は、総じて他者に見せることを避け、子孫の家訓として書きしるしたが、本来の意思は、当代の猿楽を修する同輩を見ると、猿楽を疎かにして猿楽以外の芸能に熱中し、たまたま猿楽を修しても、はかない戯れや一時の世間的名声現世的な利益に心を奪われ、猿楽の始源を忘れて伝統を見失っている事態に、もはや猿楽が滅びる時節なのだろうかと嘆くのみである。

そうであるから、猿楽に深く心を入れ猿楽を重んじて私心なく猿楽を修すれば名声人望を揺ぎなく得ずに置かないであろう。とりわけ猿楽は先人の修を受け伝えるが、自身に由来する所作があり、すべてを説き尽くすことは難しい。先人の修を体得して「花」を心から心へ伝えるべく『風姿花伝』と表題する。

［補説］

述作の意図および表題をめぐって次のように述懐する。

『風姿花伝』は、猿楽の家を継ぐ子孫への家訓である。猿楽を修する当代の同輩が猿楽の修をおろそかにし、他の芸能に熱中して、たまたま猿楽を修してもはかない戯れや一時の世間的名声や世俗の利益に心を奪われて、猿楽の始源を忘れ、本来の伝統を見失っている事態に直面して、世阿弥はもはや猿楽が滅びる時節ではなかろうかと憂えずにいられない。先人の修を承けて先人から子孫へと「花」を伝えるべく、表題を『風姿花伝』とした、と世阿弥はいう。

およそ、この道、和州・江州《がうしう》に於いて風体《ふうてい》変れり。江州には、幽玄の境を取り立てて、物まねを次にしてかかりを本とす。和州には、まづ物まねを取り立てて、物数《ものかず》を尽くしてしかも幽玄の風体ならんとなり。

しかれども、真実の上手は、いづれの風体なりとも洩《も》れたるところあるまじきなり。一《ひと》向《む》きの風体ばかりをせん者は、まこと得ぬ人の態《わざ》なるべし。

おしなべて、猿楽において、大和猿楽能と近江猿楽能とは姿かたちが異なる。近江猿楽能は、幽玄（優雅）に重きを置き、物まねを次にして所作の移りゆきを基本とする。大和猿楽能はまず物まねに重きを置き、物まねの物の数を尽くしてしかも優雅な姿かたちであろうとする。

しかしながら、真実の上手な修者は、いずれの姿かたちであろうと洩れるところがあってはならない。一体の姿かたちだけを修するのは、猿楽の真実を体得していない修者の所作であろう。

されば、和州の風体、物まね、義理(1)を本として、あるいは長《たけ》(2)のあるよそほひ(3)、あるいは怒れる振舞(4)、かくのごとくの物数を得たるところと人も心得、たしなみ(5)もこれ専ら(6)なれども、亡父《ぼうふ》(7)の名を得し盛り、静《しづか》(8)が舞の能、嵯峨(9)の大念仏《だいねんぶつ》(10)の女物狂《ものぐるひ》の物まね、ことにことに得たりし風体なれば、天下《てんが》の褒美名望《めいぼう》(11)を得しこと世以《よも》て隠れなし。これ、幽玄無上の風体なり。

（1）義理　問答や言い立てなどの言葉の「面白き」。／（2）長　高雅。崇高壮大なさま。／

(3) よそほひ　身なりを整えた姿。ありさま。態勢。／(4) 怒れる振舞　怒りの立居振舞。／(5) たしなみ　深く心を入れて修すること。／(6) 専ら　ひたすら。／(7) 亡父　観阿弥。／(8) 静　『吉野静《よしのしずか》』の原曲。／(9) 嵯峨　『百万《ひゃくまん》』の原曲。／(10) 大念仏　大勢の人々による大がかりな念仏の集まり。融通念仏。己れの唱える念仏が融けあい、功徳がもたらされること。／(11) 名望　名声人望。

それゆえ、大和猿楽能の姿かたちは、物まね、言葉の「面白き」を基本として、あるいは高雅な身なりを整えた容姿やあるいは怒りの振舞などの物まねの物の数々を体得しているところにあると人々も承知しており、修者もこれに深く心を入れて修しているが、亡父観阿弥清次が名声を得た最盛期の『静が舞』や『嵯峨の大念仏の女物狂の物まね』は、とりわけ体得した姿かたちであって、世の中の賞讃、名声人望を得たのは衆知の出来事である。これは、無上の優雅な姿かたちである。

また、田楽《でんがく》の風体ことに各別《かくべち》の事にて、見所《けんじょ》も中楽の風体には批判にも及ばぬ(1)とみなみな思ひ慣れたれども、近代にこの道の聖《ひじり》とも聞えし本座(2)の一忠《いっちゅう》(3)、ことにことに物数《ものかず》を尽くしける中にも鬼・神の物まね、怒れるよそほひ、(4)洩《も》れたる風体なかりけるとこそ承りしか。しかれば、亡父は、常々一忠《つねづねいっちゅう》が事を我が風体の師なりとまさしく申ししなり。

(1) 及ばぬ　「及ぶ」は同じ程度に達する意。／(2) 本座　京都白河にあった田楽座。奈良の新座に対して本座という。／(3) 一忠　田楽本座の田楽能の名人。／(4) よそほひ　身なりを整えた姿。

また、田楽能の姿かたちは全く別であって、観衆も猿楽能の姿かたちと同じように批判することはできないとみな思い馴染んでいるが、近頃田楽能の卓越した名人と評判された京都白河本座の一忠は、物まねの物数を尽くしたが、なかでも鬼、神の物まね、身なりを整えた怒りの姿など洩れた姿かたちはなかったとお聞きした。そうであるから、亡父観阿弥は、一忠のことを己れの姿かたちの手本であると平生確言しておられたのである。

されば、ただ人ごとに、あるいは情識《じやうしき》(1)、あるいは得ぬゆゑに、一向《ひとむ》きの風体ばかりを得て、十体《じってい》(2)にわたるところ(3)を知らで、よその風体を嫌ふなり。これは嫌ふにはあらず、ただ叶はぬ情識なり。されば、叶はぬゆゑに一体《いってい》得たる程《ほど》の名望を一旦《いったん》は得たれども、久しき花なければ天下《てんが》に許されず。

堪能《かんのう》(4)にて天下の許されを得ん程の者はいづれの風体をするとも面白かるべし。風体、形《かた》木《ぎ》(5)は面々各々《めんめんかくかく》(6)なれども、面白きところはいづれにもわたるべし。この面白しと見るは花なるべし。これ、和州、江州または田楽の能にも洩れぬところなり。されば、洩れぬところを持ちたる為手《して》ならでは天下の許されを得んことあるべからず。

(1) 情識　慢心に基づく頑迷な見解。／(2) 十体　さまざまな姿かたち。／(3) わたる　広く通じる。広い範囲に及ぶ。／(4) 堪能　猿楽の修に優れた才能をもっていること。上手。／(5) 形木　基本の型。／(6) 面々各々　ひとそれぞれ。

それゆえ、だれもかれもが、あるいは頑迷な見解から、あるいは体得していないので、一体の姿かたちだけを体得して、十体にわたる姿かたちを知らず、他の姿かたちを嫌っている。これは嫌うのではない。修し得ないから頑迷なのである。それゆえ、一体の姿かたちを体得しているという名声人望を一時《いっとき》は得るものの、生涯を通しての「花」はないので、真実の名人として世の中に認められない。

修に優れた才能をもっていて世の中に認められているほどの修者はどの姿かたちを修しても「面白き」であろう。姿かたち、基本の型はそれぞれ各人異なっているが、「面白き」ところはどの修者にも見出される。この「面白き」と見るのは「花」である。「面白き」は、大和猿楽能、近江猿楽能または田楽能にも洩れなくある。それゆえ、洩れなくある姿かたちをもっている修者でなければ、世の中に認められることはないであろう。

またいはく、ことごとく物数を極めずとも、仮令《けりやう》(1)、十分《ぶん》に七八分《ぶ》極めたらん上手の、その中にことに得たる風体を我が門弟の形木にし(2)極めたらんが、しかも工夫あらば、これまた天下の名望を得つべし。

(1) 仮令　具体的にいえば。／(2) し　行為の意の動詞である「為《す》」の連用形。

またいう。物まねの物数のすべてを極めていなくとも、具体的にいえば、十分のうち七、八分を極めた上手な修者が、その中でもことに得意とする姿かたちを、己れの門弟の習い学びの基本の型に定め、しかも工夫があるならば、この上手な修者もまた世の中の名声人望を得るであろう。

さりながら、げには(1)十分に足らぬところあらば、都鄙《とひ》、上下に於いて見所《けんじよ》の褒貶の沙汰あるべし。およそ、能の名望を得る事品々多し。上手は目利かずの心にあひ叶ふこと難《かた》し。下手は目利《めきき》の眼に合ふことなし。下手にて目利の眼《まなこ》に叶はぬは不審あるべからず。上手の目利かずの心に合はぬこと、これは目利かずの眼の及ばぬところなれども、得たる上手にて工夫あらん為手《して》ならば、また目利かずの眼にも面白しと見るやうに能をすべし。この工夫と達者とを極めたらん為手をば花を極めたるとや申すべき。されば、この位《くらゐ》に至らん為手は、いかに年寄りたりとも若き花に劣ることあるべからず。されば、この位を得たらん上手こそ天下にも許され、また遠国《をんごく》・田舎《でんじや》の人までもあまねく面白しとは見るべけれ。この工夫を得たらん為手は、和州へも江州へも、もしくは田楽《でんがく》の風体までも人の好み・望みによりていづれにもわたる上手なるべし。このたしなみの本意をあらはさんがため『風姿花伝』を作するなり。

(1) げには　じつは。ほんとうは。「げに(副詞)」+「は(係助詞)」。

そうではあるが、実のところ十分に足りていないところがあれば、都・田舎、上下貴賤において観衆の褒めたりけなしたりの批判があるであろう。おしなべて、猿楽をめぐって名声人望を得る様態はさまざまである。上手な修者は目利かずの観衆の心に合致することが難しく、下手な修者は目利きの観衆の眼に合うことがない。下手な修者で目利きの眼に合致しないのには疑問がないが、上手な修者が目利かずの観衆の心に合致しないことは、目利かずの眼識が低いためである。しかし体得した上手でしかも工夫がある修者ならば、また目利かずの観衆の眼にも「面白き」と見えるように猿楽能を修するであろう。この工夫と体得とを極めた上手な修者をば「花」を極めた修者というべきであろう。それゆえ、この品格に達した上手な修者は、どれほど年老いても若い修者の「花」に劣ることはないであろう。それゆえ、この品格を体得した上手な修者こそ世の中にも認められ、また遠国・田舎の観衆までもみな「面白き」と見るであろう。この工夫を体得した修者は、観衆の好み、望みに応じて大和猿楽能、近江猿楽能、さらには田楽能の姿かたちのいずれにもわたって修することのできる上手な修者であろう。この、深く心を入れた習い学びの本来の趣旨を明らかにすべく『風姿花伝』を述作したのである。

かやうに申せばとて、我《わ》が風体の形木のおろそかならむは、ことにことに能の命あるべからず。これ、弱き為手《して》なるべし。我が風体の形木を極めてこそ、あまねき風体をも知りたるにてはあるべけれ。あまねき風体を心にかけんとて、我が形木に入らざらん為手は、我が風体を知らぬのみならず、よその風体をも確かにはまして知るまじきなり。されば、能弱くて、久しく花はあるべからず。久しく花のなからんは、いづれの風体をも知らぬに同じかるべし。

しかれば、『花伝』の花の段に「物数を尽くし、工夫を極めて後、花の失せぬところをば知るべし」といへり。

こう云ったからといって、己れの姿かたちの基本の型をなおざりにすれば、猿楽能の精髄は失われる。これは弱い修者である。己れの姿かたちの基本の型を極めてこそ、すべての姿かたちをも知る修者なのである。すべての姿かたちを体得しようとして、己れの姿かたちの基本の型を捉えない修者は、己れの姿かたちを知らないだけでなく他者の姿かたちをもまして確かには知らないであろう。それゆえ、弱い修であって「花」を久しく保てない。「花」を久しく保てないのは、どの姿かたちをも知らないと同じであろう。

そうであるから、『風姿花伝』の花の段（第三問答条々の「能に花を知ること」の段）に「物まねの物数を習い学び尽くし、工夫を極めて後に、「花」を失わないありようをば知るであろう」と書きしるしたのである。

〔補説〕

大和猿楽の姿かたちは物まねの熟達に重きを置き、優雅であろうとする。近江猿楽の姿かたちは優雅に重きを置き、舞、しぐさの移りゆきを基本として物まねを次にする。いずれにせよ一つの姿かたちだけを修するのは真実の上手ではない。亡父観阿弥は田楽能の一忠の姿かたちが己れの手本であると平生語っていた。己れの姿かたちの基本の型をなおざりにすることなく、他の姿かたちをも習い学ぶべきである。

秘義《ひぎ》にいはく、そもそも芸能とは、諸人の心を和《やは》らげて上下の感をなさむこと、寿福増《じゆふくぞう》長《ちやう》の基《もとゐ》、遐齢延年《かれいえんねん》の方《はう》なるべし。極め極めては諸道ことごとく寿福延長ならんとなり。ことさらこの芸、位を極めて家名を残すこと、これ天下の許されなり。これ寿福増長なり。

秘伝にいう。いったい芸能とは、諸人の心をなごやかにし、楽しませて貴賤上下の人々に感銘を与えることであり、寿福増進の根源であり、安穏長寿をもたらす手立てである。極め尽くせばもろもろの芸能はすべて安穏長寿を願ってのことである。

ことに猿楽は、修の品格を極めて家名を残すことが世の中に認められている。これは寿福増進である。

しかれどもことに(1)故《こ》実《しつ》(2)あり。上根上智《じやうこんじやうち》(3)の眼《まなこ》に見ゆる所、長《たけ》(4)、位の極まりたる為手《して》に於《お》きては相応《さうおう》(5)至極《しごく》なれば是非なし。およそ愚かなる輩《ともがら》遠国《をんごく》・田舎《でんじや》の卑しき眼にはこの長《たけ》、位の上がれる風体及びがたし。これをいかがすべき。

この芸とは、衆人愛敬《しゆにんあいぎやう》(6)を以て一座建立《こんりふ》の寿福とせり。ゆゑに、あまり及ばぬ風体のみなれば、また諸人の褒美欠けたり。このために、能に初心を忘れずして、時に応じ、所によりて愚かなる眼にもげにもと思ふやうに能をせん事、これ寿福なり。よくよくこの風俗(7)の極めを見るに、貴所、山寺《さんじ》、田舎、遠国、諸社の祭礼に至るまで、おしなべて謗《そし》りを得ざらんを寿福達人(8)の為手とは申すべきや。されば、いかなる上手なりとも、衆人愛敬欠けたるところあらむをば寿福増長の為手とは申し難し。

しかれば、亡父は、いかなる田舎・山里の片辺《かたほとり》(9)にても、その心を受けて所の風儀(10)を一大事にかけて芸をせしなり。

(1) ことに 「ここに」の誤写とする解釈に従う。／(2) 故実 心得ておくべきこと。工夫。古来の慣習や定まり。／(3) 上根上智 能力も智力もすぐれた人。／(4) 長 高雅、崇高壮大なさま。／(5) 相応 よく相応じていること。ふさわしいこと。仏教語。／(6) 愛敬 愛され好まれること。仏教語。／(7) 風俗 世の中のならわし。習慣。／(8) 達人 熟達した修者。／(9) 片辺 へんぴなところ。片すみ。「片」は中央から離れ、片よっている意。／(10) 風儀 慣習。しきたり。風習。

しかしながらここに心得ておくべきことがある。能力も智力も優れた観衆が見るところは、品格である長《たけ》(高雅、崇高壮大)を極めた修者と全く一致していて問題がない。おおよそのところ遠国・田舎の愚かな観衆の卑賤な眼には品格である長を極めた姿かたちは理解できない。この事態をどうすべきか。

猿楽においては多くの人々に愛され好まれることを座の結成維持の寿福としている。それゆえ、あまり理解し難い姿かたちばかりでは人々の賞讃が欠けている。従って、猿楽能に初心を忘れることなく、時に応じ、所にふさわしく愚かな観衆の眼にもなるほどと思うように猿楽能を修することが寿福である。この世の中のならわしを極めて、貴人の席、山寺、田舎、遠国、諸寺社の祭礼に至るまで、どのようなところであろうと悪評を蒙ることのない修を、寿福に熟達した修者というべきであろう。それゆえ、どれほど上手であろうと、人々に愛され好まれることに欠けたところがあれば寿福増進の修者とはいい難い。

そのようであるから、亡父観阿弥は、どんな田舎山里の辺鄙なところでも、観衆の心に応《こた》えて土地の慣習を大切にして猿楽を修したのである。

かやうに申せばとて、初心の人、それ程《ほど》は何《なに》とて左右《さう》なく(1)極むべきとて退屈(2)の儀はあるべからず。この条々を心底《しんてい》に宛《あ》てて、その理《ことわり》をちちと(3)取りて、料簡《れうけん》(4)を以《も》て、我《わ》が分力《ぶんりき》(5)に引き合はせて工夫をいたすべし。

(1) 左右なく　容易に。たやすく。／(2) 退屈　気力を失う、いやになってしまう。／(3) ちちと　少しずつ。「ちっちっと」の促音を略した表記。／(4) 料簡《れうけん》　思案。深い思慮。／

(5) 分力　身のほどの力量。

このようにいったからといって、初心の修者は、そんなことまでどうして容易に極められようかなどと気力を失ってはならない。以上の条々を心の奥深くで分別し、その道理を少しずつ取り入れ、思慮をめぐらし、己れの力量に応じて工夫するがよい。

およそ、今の条々工夫は、初心の人よりは、なほ上手に於《お》きての故実《こしつ》、工夫なり。たまたま得たる上手になりたる為手も、身を頼み名に化《ば》かされてこの故実《こしつ》なくて、いたづらに(1)名望ほどは寿福欠けたる人多きゆゑに、これを嘆くなり。得たるところあれども工夫なくては叶はず。得て、工夫を極めたらんは花に種を添へたらんがごとし。

(1) いたづらに　むなしく。

だいたい、以上の条々工夫は、初心者よりは、なんといっても上手な修者にとっての心得であり、工夫である。たまたま得意なところをもつ上手になった修者も、己れの力量を過信し、名声に目がくらんでこの心得がなく、むなしく名声人望ほどは寿福の欠けた修者が多いゆえに、これを嘆くのである。得意なところがあっても、工夫が欠けていてはだめである。得意なところをもち、工夫を極めるならば「花」に種を添えて持つようなものである。

たとひ天下《てんが》に許されを得たる程《ほど》の為手《して》も力なき因果(1)にて万一《まんいち》少し廃《すた》るる時分ありとも、田舎遠国の褒美の花失せずば、ふつと(2)道の絶《た》ふる事はあるべからず。道絶えずば、また天下の時に合ふ事あるべし。

(1) 力なき因果　どうにもならない、どうしようもない因果。時の運。／(2) ふつと　(下に打消の辞を伴って) 全く。

たとえ世の中に認められたほどの修者もどうにもならない時の運によってひょっとしてやや落ち目になる時があっても、田舎・遠国の賞讃の「花」があれば、猿楽の道が全く絶えることはないであろう。猿楽の道が絶えないならば、また世の中の時に合うことがあるであろう。

一、この寿福増長のたしなみと申せばとて、ひたすら世間の理《ことわり》にかかりて(1)もし欲心に住《ぢう》せば(2)、これ第一道の廃《すた》るべき因縁なり。道のためのたしなみには寿福増長あるべし。寿福のためのたしなみには道まさに廃るべし。道廃らば、寿福おのづから滅すべし。正直《しやうぢき》、円《ゑん》明《みやう》(3)にして世上万徳《せじやうばんどく》の妙花を開く因縁なり、とたしなむべし。

(1) かかる　かかりきりになる。熱中する。／(2) 住す　とどまる。／(3) 正直、円明　すべてを尽くしてまっすぐ。神・仏に素直に対するありよう。円明は完全でかげりがなく、明らかな悟りの境界をいう。仏教語。

一、寿福増進を深く心に入れて修するといっても、ひたすら世間的な世俗の道理である名声利益の追求に執着してもし欲心に囚われるならば、これは猿楽の滅びる第一の要因である。猿楽の道深く心を入れた修は寿福増進をもたらすであろう。だが世間的な世俗の名声利益としての寿福の追求は猿楽の道を滅ぼすであろう。猿楽の道が滅びれば、寿福はおのずと滅びるであろう。素直に正しく身心を尽くして神・仏に対するありようが世の中のあらゆる霊妙な福徳をもたらす「花」であると捉え、深く心を入れて修さなければならない。

およそ『花伝』の中《うち》、年来稽古《ねんらいのけいこ》より始めてこの条々をしるすところ、全く自力(1)より出づる才学ならず。幼少より以来《このかた》亡父の力を得て人と成りしより廿余年が間《あひだ》、目に触れ、耳に聞き置きしままその風(2)を受けて道のため、家のためこれを作するところ、私あらむものか。

于時《ときに》応永第九之暦、暮春《ぼしゆん》二日馳レ筆畢《ふでをはせをはんぬ》

世阿《ぜあ》有判《ありはん》

(1) 自力　己れのもつ力量。／(2) 風　ならわし。遣りかた。様式。先人の修のさま。

だいたい『風姿花伝』の内に「年来稽古条々」を始めこの条々に書きしるしたところは、まったく己れの力量から出た学識ではない。幼少の頃以来亡父観阿弥の力量による教導に従って一人前になって二十数年の間、目に触れ、耳に聞き置いたとおりに修のさまを承け継ぎ、猿楽の道のため、家のためにこれを述作したのであって、私意によるのではない。

時に応永九年（一四〇二）三月二日書き終える　世阿（花押あり）

風姿花伝第六花修《くわしゆ》云《にいはく》

一、能の本を書くこと、この道の命なり。極めたる才学《さいかく》の力なけれどもただ工《たく》みによりて良き能にはなるものなり。大かたの風体《ふうてい》序破急の段(1)に見えたり。ことさら脇の申楽(2)、本説《ほんぜつ》正しくて(3)、開口《かいこ》(4)よりその謂《いは》れ(5)とやがて人の知るごとくならんずる来歴(6)を書くべし。さのみに細かなる(7)風体を尽くさずとも、大かたのかかり(8)直《す》ぐに(9)下《くだ》りたらんが、指寄《さしよ》り(10)花々(11)とあるやうに、脇の申楽をば書くべし。

また、番数に至りぬれば、いかにもいかにも言葉、風体を尽くして細かに書くべし。仮令《けりやう》(12)、名所・旧跡の題目ならば、そのところによりたらんずる詩歌の言葉の耳近からんを、能の詰めどころ(13)に寄すべし。為手の言葉にも風情《ふぜい》にもかからざらんところには、肝要《かんえう》の言葉をば載すべからず。何としても見物衆は見るところも聞くところも、上手をならでは心にかけず。さる程《ほど》に、棟梁《とうりやう》(14)の面白き言葉・振《ふ》り(15)、目にさえぎり(16)心に浮かめば、見聞く人すなはち感を催《もよほ》(17)すなり。

　これ、第一、能を作る手立なり。

ただ優しくて、理《ことわり》のすなはちに聞ゆる(18)やうならんずる詩歌の言葉を取るべし。優しき言葉を振りに合はすれば、不思議におのづから人体《じんてい》(19)も幽玄の風情になるものなり。硬《こは》(20)りたる言葉は振りに応ぜず。しかあれども、硬《こは》き言葉の耳遠きがまた良きところあるべし。それは、本木《もとぎ》(21)の人体《じんてい》よりて似合ふべし。漢家《かんか》、本朝《ほんてう》の来歴に従つて心得分くべし。ただ卑しく俗なる言葉、風体《ふうてい》悪き能になるものなり。

　しかれば、良き能と申すは、本説正しく、珍しき風体にて、詰めどころありてかかり幽玄ならんを第一とすべし。風体は珍しからねども、煩《わづら》(22)はしくもなく直《す》ぐに下りたるが、面白きところあらんを第二とすべし。これはおほよその定めなり。

ただ、能は、一風情《ひとふぜい》上手の手にかかり(23)、たよりだにあらば、面白かるべし。

　番数を尽くし、日を重ぬれば、たとひ悪き能も、珍しくし替《か》へし替へ色取《いろど》れ(24)ば、面白く見ゆべし。されば、能はただ時分、入れ場なり。悪き能とて捨つべからず。為手の心づか(25)ひなるべし。

　ただしここに様《やう》(26)あり。善悪《ぜんなく》(27)にすまじき能あるべし。いかなる物まねなればとて、仮令《けりやう》、老尼・姥《うば》(28)・老僧などの形にてさのみは狂ひ、怒ることあるべからず。また、怒れる人体にて幽玄の物まね、これ同じ。これをまことのえせ能、(29)きやうさう(30)とは申すべし。この心、二の巻の物狂の段(31)に申したり。

また、一切《いつさい》の事《じ》に、相応《さうおう》(32)なくば成就あるべからず。良き本木の能を上手のしたらんが、しかも出で来《き》たらんを、相応とは申すべし。されば、良き能を上手のせん事、などか出で来《き》ざらん、と皆人《みなひと》思ひ慣れたれども、不思議に出で来《こ》ぬことあるものなり。これを目利《めき》きは見分けて、為手の咎《とが》もなきことを知れども、ただ大かた(33)の人は、能も悪く、為手もそれほどにはなしと見るなり。

そもそも、良き能を上手のせんこと、何《なに》とて出で来ぬやらんと工夫するに、もし、時分の陰陽の和《くわ》せぬところ(34)か、または花の公案(35)なきゆゑか。不審なほ残れり。

（1）序破急の段　「問答条々」第二条。／（2）脇　初番の猿楽能。／（3）本説正しくて　典拠である出来事が古典や広く知られていることに基づいていて。／（4）開口　冒頭の謡い。／（5）謂れ　取り上げる理由。／（6）来歴　出来事の次第。由来。／（7）さのみに　そうひたすらに。／（8）かかり　謡いの流れ。移りゆき。／（9）直ぐに　まっすぐに。素直に。／（10）指寄り　出だし。最初。／（11）花々　際だって美しい。あでやか。／（12）仮令　具体的にいえば。／（13）詰めどころ　山場《やまば》。／（14）棟梁　一座を統括する修者。／（15）振り身振り。／(16) さへぎり　目の前に現われる。／(17) 催す　引き起こす。／(18) 聞ゆ　理解される。わけがわかる。／(19) 人体　人の様子。姿。／(20) 硬りたる　ごつごつして硬い。こわばっている。「硬り（「硬る」の連用形）」＋「たり（完了の助動詞）」。「強りたる」とも。／(21) 本木　木の根本の方の部分。中心である人物。／(22) 煩はし　複雑な。／(23) かかり「かかる」の誤写と解する説もある。／(24) 色取る　色づけをする。つややかにする。／(25) 心づかひ　配慮。工夫。／(26) 様　留意すべきこと。／(27) 善悪に　いずれにせよ。なんとしても。／(28) 姥　老婆。／(29) えせ能　似て非なる猿楽能。欠点のある劣った猿楽能。「えせ」は、見かけは似ているが実体は異なる。質が劣っている意。／(30) きやうさう「狂相（常規を逸した状態）」と解する説に従う。／(31) 二の巻の物狂の段　「物学条々」物狂条。／(32) 相応　二つ以上の物事が相応じている、相互に釣り合っていること。仏教語。／(33) 大かた　ふつうであるさま。／(34) 時分の陰陽の和せぬところ　「問答条々」第一条参照。／(35) 花の公案　「別紙口伝」第七条参照。「公案」は深く考えること。思案すること。

一、作者として猿楽能の台本である謡曲を書くことは猿楽の精髄である。

格別秀でた学識がなくてもただ工夫によって良い猿楽能になるものである。

だいたいの姿態は序破急の条（「問答条々」第三条）に書きしるした。

とくに大切な初番の脇の猿楽能は、典拠である出来事が古典などで広く知られていることに基づいていて、開口《かいこ》（冒頭の謡い）から取り上げる理由が直ちに観衆にわかるように由来を書くべきである。さほど立ち入った綿密な姿態を尽くすことなく、だいたいの移りゆきが流麗でまっすぐで、出だしがはなやかであでやかであるように、脇の猿楽能を書くべきである。

また、二三番、四番の猿楽能に進んだら、できるかぎり言葉、姿態を尽くして、立ち入って綿密に書くべきである。具体的にいえば、主題が名所・旧跡であれば、その土地に因《ちな》んだ詩や和歌であって、聞いてすぐ理解される文辞を、猿楽能の山場《やまば》のところに書き集めるべきである。修者の言葉にも姿態の趣きにも関わりのないところには、大切な言葉を載せてはならない。どうあろうと観衆は見るところも聴くところも、上手な修者の修でなければ関心を払わない。そこで、一座の統括者の「面白き」言葉や所作が眼の前に現われ、心に浮かべば、観衆は直ちに感動するであろう。

これが謡曲を書く第一の遣りかたである。

ただ優雅で、道理が直ちに理解されるような詩や和歌の言葉を取り入れるべきである。優雅な言葉に合わせて所作を修すると、不思議におのずと修者も幽玄（優雅）な姿態になるものである。ごつごつした硬い言葉は所作にふさわしくない。しかしながら、硬く聞き馴れない言葉がまた良い場合もある。主題の人物の姿によって似合うのであろう。唐土か我国かの由来に従って心得、分けるべきである。ただ卑俗な言葉は、姿態の悪い猿楽能になるものである。

それゆえ、良い猿楽能というのは、典拠である出来事が古典などで広く知られていることに基づいていて、「珍しき」姿態であって、山場《やまば》があって移りゆきが幽玄（優雅）であるのを第一とすべきである。姿態は「珍しき」ではないが、複雑ではなく、移りゆきがなだらかでまっすぐで、「面白き」ところがあるのを第二とすべきである。これはだいたいの基準である。

ただ、猿楽能は、趣きのある一つの姿態が上手で、移りゆきが優雅であるならば、「面白き」であろう。

多くの番数が修され、幾日も猿楽が続けば、たとえ悪い猿楽能でも、「珍しき」に修し替え修し替えしてつややかに修すれば、「面白き」と見えるであろう。それゆえ、猿楽能の「面白き」は、ただいつ、どのような順で修するかである。悪い猿楽能であるといって捨ててはならない。修者の工夫・配慮である。

ただしここに留意すべきことがある。なんとしても修してはならない猿楽能がある。いかに物まねであるからといっても、具体的にいえば、老尼・老婆・老僧などの姿でひたすら狂乱し、怒ることがあってはならない。また、怒れる武人の姿で幽玄（優雅）の物まねを修してはならない。これらを似て非なる猿楽能、常規を逸した猿楽能というべきであろう。この心得は「物学条々」物狂条で云った。

また、あらゆる物事において相応（二つの事柄が互いにあい応じているさま）が欠けていては成就はない。良い主題の猿楽能を上手な修者が修し、しかも猿楽能が成就するさまを、相応というべきである。それゆえ、良い猿楽能を上手な修者が修して成就しないことがどうしてあろうかと誰もが思い馴染んでいるが、不思議に成就しないことがあるものである。この事態を目利きの観衆は見分けて、修者の過ちでないことを知るが、ただ一般の観衆は、猿楽能も悪く、修者もそれほどはないと見るのである。

いったい、良い猿楽能を上手な修者が修していてどうして成就しない事態になるのかと工夫・思案すると、時機の陰陽が和合していないからか、それとも「花」の公案をめぐる工夫・思案が不徹底なのか、疑問がなお残っている。

［補説］

作者として猿楽能の台本である謡曲を書くことは猿楽の精髄である。初番の猿楽能である脇の猿楽能は、広く知られている出来事が典拠として取り上げられるが、その理由が観衆にわかるように、冒頭から出来事の由来を書くがよい。出だしが花やかで、移りゆきがまっすぐであるように書くがよい。

三番、四番の猿楽能は、立ち入って綿密に出来事を書くがよい。名所・旧跡であれば、その土地に因《ちな》む優雅で、理解されやすい詩や和歌を山場《やまば》に書き寄せるがよい。修者の言葉にも姿態にも関らないところに大切な文辞を書き入れてはならない。

修者は文辞に合わせてしぐさを修する。「見る」という文辞には物を見、「指す」「引く」の文辞には手を指し引き、「聞く」「音する」の文辞には耳を寄せる。文辞は、姿態を基本に書き、音曲は謡うと旋律の移りゆきが穏やかであるように書かなくてはならない。出来事における人の発する優雅な言葉や姿態に深く心を入れよ。「靡き」「臥す」「帰る」「寄る」などの文辞は姿態に言外の趣きが漂う。

ただし、脇の猿楽能は、優雅な姿態で、硬いごつごつした言葉で謡おうと言葉の移りゆきが確かであればよい。脇の猿楽能は、まっすぐに舞い、謡い、しぐさもなめらかにおおらかに修さるべきである。脇の猿楽能をあれこれと立ち入って綿密に修するのは下手な所作であって、品格が下がる。優雅な文辞が求められるのは、言い立ての面白さや山場がなくてはならない三番、四番の猿楽能である。立ち入った綿密な趣きのない脇の猿楽能は、無上の上手な修者でないと修し尽すことができない。脇の猿楽能こそ本来の猿楽能なのである。

一、作者の思ひ分くべきことあり。

ひたすら静かなる本木(1)の、音曲ばかりなると、また、舞《まひ》、はたらきのみなるとは、一向《ひとむ》き(2)なれば書きよきものなり。

音曲にてはたらく能あるべし。これ一大事なり。真実《しんじつ》面白しと感をなすはこれなり。聞くところは、耳近《みみぢか》に面白き言葉にて、節《ふし》のかかりよくて(3)、文字移りの美しく続きたらんが、ことさら、風情を持ちたる詰め(4)をたしなみて(5)書くべし。この数々《かずかず》相応するところにて諸人《しよにん》一同に感をなすなり。

さる程《ほど》に、細かに知るべきことあり。風情を博士《はかせ》(6)にて音曲をする為手《して》は初心のところなり。音曲よりはたらきの生ずるは功《こふ》入りたるゆゑ(7)なり。音曲は聞くところ、風体は見るところなり。一切《いつさい》の事《じ》は、謂《いは》れ(8)を道にしてこそよろづの風情にはなるべき理《ことわり》なれ。謂れをあらはすは言葉なり。さる程に、音曲は体《たい》なり、風情は用《ゆう》(9)なり。しかれば音曲よりはたらきの生ずるは順なり。はたらきにて音曲をするは逆なり。諸道、諸事に於いて、順、逆とこそ下るべけれ、逆、順とはあるべからず。かへすがへす音曲の言葉のたよりを以て風体を色取り(10)給ふ(11)べきなり。これ、音曲、はたらき一心になる稽古なり。

さる程に、能を書くところにまた工夫あり。音曲よりはたらきを生ぜさせんがため、書くところをば風情を本《ほん》に書くべし。風情を本《ほん》に書きて、さてその言葉を謡ふ時には、風情おのづから生ずべし。しかれば、書くところをば風情を先立てて、しかも謡ひの節《ふし》かかりよきやうにたしなむべし。さて、当座の芸能に至る時は、(12)また音曲を先《さき》とすべし。かやうにたしなみて功入りぬれば、謡ふも風情、舞ふも音曲になりて、万曲《ばんきよく》(13)一心たる達者となるべし。これまた作者の高名なり。

(1)静かなる　動きの少ない。／(2)一向き　単純で一面的。／(3)節のかかり　節の移りゆき。旋律。／(4)風情を持ちたる　趣きの深い姿態のある。／(5)たしなみて　深く心を入れて。心がけて。／(6)博士　基準。手本。／(7)功入りたる　修練を積み重ねて熟達している。／(8)謂れ　取り上げる理由。／(9)体……用　「体」は本体。実体。「用」は本質から出るはたらき。作用。仏教語。／(10)色取る　つややかにする。／(11)給ふ　被伝授者に対する敬語。［補説］参照。／(12)当座の芸能に至る　当日実際に猿楽能を修する。／(13)万曲　舞、はたらき、音曲を始めとするすべての所作。

一、作者の心得るべきことがある。

動きの少ない静かな主題で、もっぱら音曲だけの猿楽能や、また舞、しぐさだけの猿楽能は一面的なので書きやすいものである。

音曲に合わせてしぐさをする猿楽能がある。これは大切で難しい。観衆が真実「面白き」と感動するのはこれである。聞くところは、聞き馴れた「面白き」言葉で、旋律の移りゆきが流麗で整っていて、文辞の移りゆきが美しく続いていて、趣きのある姿態の山場にとりわけ深く心を入れて書くべきである。これらの数々が相応ずるところに観衆一同が感動するのである。

そういう次第であるから、立ち入って綿密に知るべきことがある。姿態を基準にして音曲を謡う修者は初心である。謡いを基準にしてしぐさを修するのは修練を積んでいるからである。音曲は聞くところ、姿かたちは見るところである。あらゆる物事は、取り上げる理由を通路にすることによってこそもろもろの姿態になる道理がある。取り上げる理由を明らかにするのは謡いの言葉である。そういう次第であるから、謡いが体（本体）であり、姿態は用（本体から発する作用）である。従って、謡いからしぐさが生ずるのが順（順当）であり、しぐさによって音曲が謡われるのは逆である。もろもろの芸能、物事において順から逆へ動くのであり、逆から順へではない。くれぐれも音曲の言葉をてがかりにして姿かたちをつややかに修すべきである。これは、音曲としぐさが一心になる習い学びである。

そういう次第であるから、謡曲を書く際にまた工夫がいる。謡曲からしぐさを生じさせるべく、文辞は姿態を基本にして書くべきである。姿態を基本にして書き、さてその文辞を謡う時に、姿態がおのずと現出するであろう。従って、書くところの文辞は姿態を先立てて、しかも謡うと旋律の移りゆきが流麗であるように深く心を入れるべきである。そのようにして、当座に修するに際しては、また謡いを先立てよ。このように深く心を入れて修練を積み重ねれば、謡いも姿態となり、舞も謡いになって、もろもろの所作ともろもろの音曲が一心である体得した修者となるであろう。これはまた作者の手柄である。

[補説]

第六「花修云」には「かへすがへす音曲の言葉のたよりを以て風体を色取り給ふべきなり」、および「力なく、この道は……強き方《かた》をば、少し物まねにはづるるとも、幽玄の方へは遣《や》らせ給ふべし」、および「しかれども、この両様は、……勝負をば定め給ふべし」の三ヶ所に、被伝授者に対する敬語である「給ふ」が見出される。

一、能に強き、幽玄、弱き、荒きを知ること。

大かたは見えたることなればたやすきやうなれども、真実これを知らぬによりて、弱く、荒き為手《して》多し。

まづ、一切《いつさい》の物まねに、偽るところ(1)にて荒くも、弱くもなると知るべし。この境《さかひ》(2)、よき程の工夫(3)にては紛《まぎ》(4)るべし。よくよく心底《しんてい》(5)を分けて案じ納《をさ》(6)むべきことなり。

まづ、弱かるべきことを強くするは偽りなれば、これ、荒きなり。強かるべきことに強きは、これ、強きなり。荒きにはあらず。もし強かるべきことを幽玄にせんとて物まね似たらずば幽玄にはなくて、これ、弱きなり。さる程《ほど》に、ただ物まねに任せ(7)てその物に成り入りて偽りなくば、荒くも、弱くもあるまじきなり。

また、強かるべき理《ことわり》過ぎて強きは、ことさら荒き(8)なり。幽玄の風体よりなほ優しくせんとせば、これ、ことさら弱きなり。

この分け目《わめ》をよくよく見るに、幽玄と強きと別《べち》にあるものと心得るゆゑに迷ふなり。この二つはその物の体《たい》(9)にあり。たとへば、人に於《お》いては女御《にようご》、更衣《かうい》(10)、または遊女、好色、美男、草木には花の類《たぐひ》、かやうの数々は、そのかたち幽玄の物なり。また、あるいは物のふ、荒夷《あらゑびす》(11)、あるいは鬼、神、草木にも松、杉、かやうの数々の類《たぐひ》は、強き物と申すべきか。かやうの万物《ばんぶつ》の品々《しなじな》を良くし(12)似せたらんは、幽玄の物まねは幽玄になり、強きはおのづから強かるべし。この分け目をば宛《あ》てがはず(13)して、ただ幽玄にせんとばかり心得て、物まねおろそかなれば、それに似ず。似ぬをば知らで幽玄にするぞと思ふ心、これ、弱きなり。

されば、遊女、美男などの物まねをよく似せたらば、おのづから幽玄なるべし。ただ似せんとばかり思ふべし。また、強きことをもよく似せたらんは、おのづから強かるべし。

ただし、心得べきことあり。力なく、この道は、見所《けんじよ》(14)を本《ほん》にする態《わざ》なれば、その当世当《たうせいたう》世《せい》(15)の風儀(16)にて、幽玄をもてあそぶ(17)見物衆の前にては、強き方《かた》をば、少し物まねにはづるるとも、幽玄の方へは遣《や》らせ給ふ(18)べし。

この工夫を以《も》て、作者また心得べきことあり。いかにも、申楽の本木には、幽玄ならん人体《じんてい》まして心、言葉をも優しからんをたしなみて書くべし。それに偽りなくば、おのづから幽玄の為手と見ゆべし。幽玄の理《ことわり》を知り極めぬれば、おのれと強きところをも知るべし。されば、一切の似せごとをよく似すれば、よそ目(19)に危きところなし。危からぬは強きなり。しかれば、ちちと(20)ある言葉の響きにも、「靡《なび》き」「臥《ふ》す」「帰《かへ》る」「寄《よ》る」などいふ言葉は、柔らかなれば、おのづから余情《よせい》(21)になるやうなり。「落《お》つる」「崩《くづ》るる」「破《やぶ》るる」「転《まろ》ぶ」など申すは強き響きなれば、振りも強かるべし。

さる程《ほど》に、強き、幽玄と申すは、別《べち》にあるものにあらず、ただ物まねの直《す》ぐ(22)なるところ、弱き、荒きは、物まねにはづるるところと知るべし。

この宛てがひ(23)を以て、作者も、発端《ほつたん》の句(24)、一声《いつせい》(25)、和歌(26)などに、人体《じんたい》の物まねによりていかにも幽玄なる余情《よせい》・たよりを求むるところに荒き言葉を書き入れ、思ひの外《ほか》にいりほがなる(27)梵語《ぼんご》(28)漢音《かんおん》などを載《の》せたらんは、作者の僻事《ひがこと》なり。定めて、(29)言葉のままに風情をせば人体に似合はぬところあるべし。

ただし、堪能《かんのう》(30)の人はこの違《ちが》ひ目を心得て、けうがる(31)故実《こしつ》(32)にてなだらかなるやうにしなすべし。それは為手の高名なり。作者の僻事は逃《のが》るべからず。また、作者は心得て書けども、もし為手の心なからんに至りては(33)沙汰の外《ほか》なるべし。

　これはかくのごとし。

　また、能によりて、さして(34)細かに言葉義理《ぎり》(35)にかからで大様《おほやう》(36)にすべき能あるべし。さやうの能をば直《すぐ》に舞《ま》ひ、謡《うた》ひ、振《ふ》りをもするするとなだらかにすべし。かやうなる能をまた細かにするは下手の態《わざ》なり。これ、また能の下がるところと知るべし。しかれば、良き言葉余情を求むるも、義理《ぎり》詰《つ》めどころのなくては叶《かな》はぬ能に至りてのことなり。直なる能には、たとひ幽玄の人体にて硬《こは》き言葉を謡ふとも、音曲のかかりだに確《たし》やか(37)ならば、これ良かるべし。これ、すなはち能の本様《ほんやう》と心得べきことなり。

　ただ、かへすがへすかやうの条々を極め尽くして、さて大様にするならでは、能の庭《てい》訓《きん》(38)あるべからず。

(1)偽る　対象を真実に似せていないさま。虚偽。／(2)境　偽りであるか否かが分かれるところ。／(3)良きほどの工夫　ひと通りの工夫。／(4)紛る　見分けられない。／(5)心底　心の奥深いところ。／(6)案じ納む　考え心にとどめる。／(7)任す　すっかりゆだねる。／(8)ことさら　故意にするさま。わざと。／(9)体　姿。かたち。ありさま。／(10)女御、更衣　皇后、中宮に次ぐ后の位。／(11)荒夷　荒々しい野蛮人。東国の人を卑しんで呼んだ辞。／(12)し　行為の動詞「為《す》」の連用形。／(13)宛てがふ　適用する。配慮する。／(14)見所　観衆。／(15)当世　今の世。／(16)風儀　風習。風潮。／(17)もてあそぶ　賞美し楽しむ。／(18)給ふ　被伝授者に対する敬語。／(19)よそ目　観衆の眼。人目。／(20)ちちと　ちょっとした。些細な。／(21)余情　言外に漂う趣き。／(22)直ぐ　素直。実直。／(23)宛てがひ　配慮。想定されるいろいろな場合に対する対処の方法を考えること。／(24)発端の句　登場直後に謡う言葉。／(25)一声　登場直後に高く張り上げて謡う謡い。／(26)和歌　舞の前後に謡う謡い。和歌形式の謡いが多い。／(27)いりほがなる　凝りすぎた。うがちすぎた。／(28)梵語　天竺の古典語。／(29)定めて　「あるべし」にかかる。／(30)堪能　猿楽の修に優れた才能をもっていること。上手。／(31)けうがる　一風変った。非凡な。／(32)故実　心得ておくべきこと。工夫。／(33)沙汰　とりあげてあれこれ論議すること。／(34)さして　さほど。／(35)義理　問答や言い立てなどの言葉の「面白き」。／(36)大様　おおらかでおおざっぱなさま。／(37)確やか　たしかであるさま。「確（しっかりしているさま）」＋「やか（そのような状態である意の接尾辞）」／(38)庭訓　家訓。親から子々孫々に与える教訓。

一、猿楽能における「強き」、幽玄（優雅）、「弱き」、「荒き」を知ること。

大体は見えていることなので容易にわかりそうであるが、真実には知らないので、「弱き」修者、「荒き」修者が多い。

なんといっても、あらゆる物まねにおいて、偽り（物まねの対象である物によく似せていないさま）があると、「荒き」にも、「弱き」にもなると知るべきである。偽りであるか否《いな》かが分れるところは、一通りの工夫では見分けられないであろう。よく心の奥深くで考え納得しておくべきことである。

ともあれ、「弱き」であるべきことを「強き」に修するのは、偽りであるからこれは「荒き」である。「強き」であるべきことを「強き」に修するのは、「強き」であって、「荒き」ではない。もし「強き」であるべきことを幽玄（優雅）に修しようとして物まねが不十分であれば、幽玄（優雅）ではなくてこれは「弱き」である。そういう次第で、ひたすら物まねにゆだねて対象である物に似せて偽りがなければ、「荒き」も、「弱き」もないであろう。

また、「強き」であるべき道理以上に「強き」に修するのは、故意の「荒き」である。

幽玄の（優雅な）姿かたち以上に優美に修しようとするのは、故意の「弱き」である。

この分け目をよくよく見ると、幽玄（優雅）と「強き」とが別にあると心得るゆえに迷うのである。この二つは対象である物の姿かたちである。たとえば、人であれば女御、更衣、または遊女、美女、美男、草木であれば花の類、これらは容姿が幽玄（優雅）な物である。また、武人、荒々しい野蛮人、あるいは鬼、神、草木では松、杉、これらは「強き」容姿の物であろう。これらもろもろの物の容姿をよく似せ修するならば、幽玄の物まねは幽玄になり、「強き」の物まねはおのずと「強き」になるであろう。この分け目を配慮せずに、ただ幽玄に修しようとばかり心得て物まねをおろそかにすれば、幽玄に似ない。似ていないことを知らずに幽玄に修しているぞと思う心、これは「弱き」である。

それゆえ、遊女、美男などの物まねをよく似せたならば、おのずと幽玄になるであろう。ただ似せようとばかり思うべきである。また、「強き」ことをもよく似せたならば、おのずと「強き」になるであろう。

ただし、心得ておくべきことがある。どうしようもないことだが、猿楽能は観衆を基本とする所作であるから、当世当世の風潮で、幽玄を賞美し、楽しむ観衆の前では、「強き」かたを少し物まねからはずれても、幽玄のかたへ傾けて修されるがよい。

この工夫を踏まえ、また作者の心得るべきことがある。なんとしても猿楽の主題として、幽玄な人の姿態まして心、言葉をばできるだけ優雅に深く心を入れて書くべきである。それらをよく似せて修するならば、おのずと幽玄な修者と見えるであろう。幽玄の道理を知り極めるならば、おのずと「強き」ところをも知るであろう。それゆえ、あらゆる似せごとをよく似せるならば、観衆の眼に危うく見えるところはない。危うさがないのは「強き」である。

そのようであるから、ちょっとした言葉の響きでも「靡き」「臥す」「帰る」「寄る」などの言葉は、もの柔らかであって、おのずと言外に優雅な趣きが漂う。「落つる」「崩るる」「破るる」「転《まろ》ぶ」などの言葉は、「強き」響きなので身振りも「強き」であろう。従って、「強き」、幽玄というのは、物まねの対象である物を離れてあるのではなくただ物まねの素直なさまであり、「弱き」、「荒き」は、物まねからはずれたさまであると知るべきである。

このことを配慮して、作者としても、発端の句（登場直後に謡う言葉）、一声《いっせい》（高く張り上げて謡う言葉）、和歌（舞の前後に謡う言葉）など、対象である人の姿態の物まねによっていかにも優雅な言外の趣きや移りゆきの趣きを求めるところに、「荒き」言葉を書き入れ、思いもよらない凝った梵語《ぼんご》や漢語などを載せるのは、作者の心得違いである。言葉通りに姿態を修すれば必ず、優雅な人の姿態に似合わないところがあるであろう。

ただし、猿楽能に優れた才能をもっている修者はこの違いを心得て、一風変った工夫で無難なように修するであろう。それは修者の手柄であって、作者の心得違いは免れられない。また、作者は心得て書いていても、修者が心得なく修する場合は論議するまでもない。

幽玄、「強き」をめぐっては以上である。

また、猿楽能によっては、言葉や言い立ての立ち入った綿密な「面白き」にさほど囚われないでおおらかに修すべき猿楽能がある。そういう猿楽能はまっすぐに舞い、謡い、身振りをもすらすらとなだらかに修すべきである。こういう猿楽能をまたあれやこれやと立ち入って綿密に修するのは下手な修者の所作である。これは、また猿楽能の品格が下がると知るべきである。従って、良い言葉や言外の趣きを求めるのも、「面白き」言い立てや山場がなくては叶わない猿楽能においてのことである。おおらかでまっすぐな猿楽能では、たとえ優雅な姿態で、ごつごつして硬い言葉を謡っても、音曲の移りゆきさえ流麗で確かであるならば、それで良いであろう。これが、猿楽能の本来の様態であると心得るべきである。

ただ、以上の条々をよくよく極め尽くして、その上でおおらかでまっすぐに修する以外に、猿楽能についての子々孫々への教訓はないのである。

［補説］

猿楽能において幽玄（優雅）や「強き」を修するとは出来事における女御、遊女、美男や武人、鬼、修羅の姿態によく似せることである。女御、遊女、美男は幽玄の物であり、武人、鬼、修羅は「強き」の物である。女御、遊女、美男によく似せれば、幽玄であり、武人、鬼、修羅によく似せれば「強き」である。よく似せなければ、幽玄、「強き」ではなく「弱き」、「荒き」などの偽りの物まねになる。

一、能の良き、悪しきにつけて、為手《して》の位(1)によりて相応《さうおう》の(2)所を知るべきなり。文字、風体を求めずして大様《おほやう》なる能の、本説《ほんぜつ》ことに正しくて(3)、大きに位に上がれる能あるべし。かやうなる能は、見所《みどころ》さほど細かになきことあり。これには、よき程の上手も似合はぬことあり。たとひこれに相応するほどの無上の上手なりとも、また、目利《き》き、大所《たいしよ》(5)にてなくば良く出で来ることあるべからず(6)。これ、能の位、為手の位、目利《き》き、在所《ざいしよ》(7)、時分ことごとく相応せずば、出で来ることは左右《さう》なくある(8)まじきなり。

また、小さき能の、さしたる本説にてはなけれども、幽玄なるが、細々としたる能あり。これは、初心の為手にも似合ふ物なり。在所も、自然片辺《しぜんかたほとり》(9)の神事、夜などの庭(10)に相応すべし。よき程の見手も、能の為手も、これに迷ひて、自然田舎《でんじや》・小所《せうしよ》の庭にて面白ければ、その心慣《な》らひ[11]にて、押し出《い》だしたる大所[12]・貴人の御前などにて、あるいはひいき[13]興行[14]して、思ひの外に能悪ければ、為手にも名を折らせ、我も面目なきことあるものなり。しかれば、かやうなる品々《しなじな》・所々《しよしよ》を限らで、甲乙《かふおつ》[15]なからんほどの為手ならでは、無上の花を極めたる上手とは申すべからず。さる程《ほど》に、いかなる座敷[16]にも相応するほどの上手に至りては是非なし[17]。

また、為手によりて、上手ほどは能を知らぬ[18]為手もあり、能よりは能を知るもあり。貴《き》所《しよ》・大所などにて、上手なれども能をし違《ちが》へ[19]、ちちのある[20]は能を知らぬゆゑなり。また、それほどに達者にもなく、物少ななる為手の、申さば初心なるが、大庭《おほには》にても花失せず、諸人の褒美いや増しにて、さのみに斑《むら》[21]のなからんは、為手よりは能を知りたるゆゑなるべし。

さる程に、この両様《りやうやう》の為手[22]をとりどりに申す[23]ことあり。しかれども、貴所・大庭などにてあまねく能の良からんは、名望長久[24]なるべし。さあらんにとりては、上手の、達者ほどは我が能を知らざらんよりは、少し足らぬ為手なりとも、能を知りたらんは、一座建立《こんりふ》[25]の棟梁《とうりやう》[26]には勝《まさ》るべきか。能を知りたる為手は、我が手柄[27]の足らぬところをも知るゆゑに、大事の能に、叶はぬ[28]ことをば斟酌《しんしやく》[29]して、得たる風体ばかりを先立てて、仕立《したて》[30]良ければ、見所《けんじよ》の褒美必ずあるべし。さて、叶はぬところをば小所《せうしよ》・片辺《かたほとり》の能にし慣《な》らふべし。かやうに稽古すれば、叶はぬところも、功入れば、自然自然に叶ふ時分あるべし。さる程に、終《つひ》には能に嵩《かさ》(31)も出で来《き》、垢(32)も落ちて、いよいよ名望も一座も繁昌する時は、定めて年行くまで花は残るべし。これ、初心より能を知るゆゑなり。能を知る心にて、公案を尽くして見ば、花の種を知るべし。

しかれども、この両様は、あまねく人の心々《こころごころ》にて勝負をば定め給ふ(33)べし。

花修　已上《いじやう》。

この条々、心ざし(34)の芸人《げいにん》より外《ほか》は一見をも許すべからず

世《ぜ》阿《あ》（花押）

(1) 為手の位　修者の品格。力量。／(2) 相応　二つ以上の事柄が相互に釣合っていること。／(3) 本説ことに正しくて　典拠である出来事が古典など広く知られていることにきちんと基づいていて。／(4) よき程の　かなりの程度に。／(5) 大所　規模の大きな場。／(6) 出で来る　成就される。しあがる。／(7) 在所　猿楽が興行される場。／(8) 左右なし　容易な。たやすい。／(9) 片辺　片いなか。辺鄙《へんぴ》なところ。「片」は中央から離れ片寄っている意の接頭辞。／(10) 庭　猿楽が興行される場。／(11) 心慣らひ　心の習慣。心の馴染んだ動

き。／(12) 押し出だしたる　表立って晴れがましい。／(13) ひいき　特別に好意をもって力添えすること。／(14) 興行　猿楽を催すこと。／(15) 甲乙　優劣。上下。／(16) 座敷　猿楽の会場。／(17) 是非なし　是非を論ずるまでもない。問題ない。／(18) 能を知らぬ　神・仏事としての猿楽能の成就はどのような様態であるかの知、「花」とはなにかの知がない。／(19) し　行為の動詞「為」の連用形。／(20) ちちのある　ちちは「遅遅」の意で、失敗、不足と解する説に従う。／(21) 斑　出来、不出来の差。／(22) 両様の為手　上手だが猿楽能の成就とはなにかを知らない修者と上手ではないが猿楽能の成就とはなにかを知る修者。／(23) とりどりに　さまざまに。それぞれに。／(24) 名望　名声人望。／(25) 一座建立　猿楽の座を結成し、統括すること。／(26) 棟梁　一座の統括者。／(27) 手柄　手なみ。技量。／(28) 叶はぬ　思い通りにならない。／(29) 斟酌して　考慮して。／(30) 仕立　身ごしらえ。扮装。／(31) 嵩　さまざまな所作をこなし、修する幅の広さ。／(32) 垢　無用な付着物。焦り。気負い。／(33) 給ふ　被伝授者に対する敬語。／(34) 心ざし　心を寄せる。心に目標をもつ。

一、猿楽能の良き、悪しきをめぐって修者の力量に相応する猿楽能を知るべきである。趣きのある文辞や姿かたちを求めることのない大らかな猿楽能で、典拠の出来事が広く知られている品格の高い猿楽能がある。こうした猿楽能は、観衆の眼にそれほど立ち入った綿密な趣きがない。これにはかなりに上手な修者も似合わないことがある。たとえこの猿楽能に相応ずる力量を持つ程の無上の上手な修者であっても、また、目利きの観衆、規模の大きな場がなければ成就し得ない。猿楽能の品格、修者の力量、目利きの観衆、場、時刻、これらすべてが相応じなければ成就は容易ではない。

また、小規模の猿楽能で、これという典拠はないが、幽玄で、立ち入った綿密な味の猿楽能がある。これは、初心の修者にも似合う猿楽能である。場も、おのずと片田舎の神事で、夜の場が相応していよう。かなりに目利きの観衆も、かなり上手な修者も、これに惑わされて、たまたま田舎の小規模な場で「面白き」であると、それに馴染んだ心で、表立って晴れがましい大規模な場や貴人の前などで特別に力を入れて猿楽を興行し、思いの外に猿楽能が悪いと、修者にも恥をかかせ、己れも面目を失うことがあるものである。

そのようであるから、こうしたさまざまな猿楽能の品格やさまざまな場に制約されることなく出来不出来のないほどの修者でなくては、無上の「花」を極めた上手な修者とはいえないであろう。そういう次第で、どのような場にも相応じ得るほどの上手な修者であれば問題はない。

また、修者によっては、上手であるほどは猿楽能の成就を知らない修者もあり、上手ではないが猿楽能の成就を知る修者もある。貴人の前や規模の大きな場などで、上手ではあるが猿楽能を修し損ね、失敗があるのは猿楽能の成就を知らないからである。また、それほど猿楽能に優れておらず、物まねの物数も少ない、いわば初心の修者が、規模の大きな場でも「花」を失うことなく、観衆の賞讃をますます得て、さほど出来に斑《むら》がないのは、修の力量以上に猿楽能の成就を知っているからであろう。

そういう次第で、上手で猿楽能の成就を知らない修者と上手でないが猿楽能の成就を知っている修者をめぐってあれこれの批判がある。しかしながら、貴人の前や規模の大きな場でいつも猿楽能が良いのは名声人望が長く保たれよう。そうであるとすれば、上手で体得しているかそれほどは猿楽能の成就を知らない修者よりは、少し未熟であるが猿楽能の成就を知っている修者が一座を結成し統括していくのに勝《すぐ》れていようか。猿楽能の成就を知っている修者は、己れの力量の足りないところをも知っているから、大切な晴れの猿楽能に、思い通りに修し得ないところを考慮し、得意とする姿かたちだけを前面に出して、身拵えが良いので、観衆の賞讃を必ず得るであろう。その上で、思い通りに修し得ないところを、小規模の場や片田舎での猿楽能で修し、習い学ぶであろう。このように習い学べば、思い通りに修し得ないところも、修練を積んでおのずと叶う時節があるであろう。そういう次第で、しまいにはさまざまな所作を修する幅の広さも生まれ、無用な付着物も落ちて、ますます名声人望も増し一座も賑わい栄える時は、間違いなく年老いるまで「花」は残るであろう。これは、初心の時から猿楽能の成就とはなにかを知っているゆえである。

猿楽能の成就を知る心で、工夫し、思案を尽くして修するならば、「花」の種を知ることができよう。

しかしながら、上手だが猿楽能の成就を知らない修者と上手ではないが知っている修者の両者については、広く人々それぞれの心々で勝ち負けをお決めになるのが良い。

花修　以上。

この条々、猿楽能に心を寄せる修者でない者には見せてはならない　世《ぜ》阿《あ》（花押）

［補説］

品格の高い良い猿楽能、無上の上手な修者、目利きの観衆、晴れがましい大規模な場、日時、これらすべてが揃い、相応じて猿楽が成就する。上手であっても猿楽の成就を知らない修者と、さほど上手でなく物まねの物数も多くないが猿楽の成就を知る修者と、どちらの修者が一座の統括者として適格であるかをめぐる論議があることをしるし、結論を読み手に委ねているが、猿楽の成就を知ることが己れの修のありようの意識化をもたらすことが重視されている。

風姿花伝第七別紙口《べっしのく》伝《でん》

この口伝《くでん》に花を知ること。

まづ、仮令《けりやう》(1)、花の咲くを見てよろづに花と譬《たと》へ始めし理《ことわり》をわきまふべし。

そもそも(2)、花といふに、万木千草に於《お》いて四季折節《をりふし》(3)に咲くものなれば、その時を得て珍しき(4)ゆゑにもてあそぶ(5)なり。申楽も、人の心に珍しきと知るところ、すなはち面白き心(6)なり。花と面白きと珍しきと、これ三つは同じ心なり。

いづれの花か散らで残るべき。散るゆゑによりて、咲く頃《ころ》あれば珍しきなり。能も、住するところなきをまづ花と知るべし。住せずして余の風体《ふうてい》に移れば珍しきなり。

ただし、様《やう》あり。珍しきといへばとて、世になき風体をし出だすにてはあるべからず。『花伝』に出だすところの条々《でうでう》をことごとく稽古し終りて、さて申楽をせん時に、その物数を用々《ようよう》に従ひて取り出だすべし。花と申すも、よろづの草木《くさき》に於《お》いていづれか四季折節の時の花の外《ほか》に珍しき花のあるべき。そのごとくに、習ひ覚えつる品々《しなじな》を極めぬれば、時《とき》折節の当世《たうせい》を心得て、時の人の好みの品《しな》によりてその風体を取り出だす。これ時の花の咲くを見んがごとし。花と申すも去年《こぞ》咲きし種なり。能ももと見し風体なれども、物数を極めぬれば、その数を尽くすほど久しし。久しくて見ればまた珍しきなり。その上、人の好みも色々にして音曲、振舞、物まね、所々《しよしよ》に変はりてとりどりなれば、いづれの風体をも残しては叶《かな》ふまじきなり。

しかれば、物数を極め尽くしたらん為手《して》は、初春《はつはる》の梅《むめ》より秋の菊の花の咲き果《は》つるまで一年中の花の種を持ちたらんがごとし。いづれの花なりとも、人の望み、時によりて、取り出だすべし。物数を極めずば、時によりて花を失ふことあるべし。たとへば、春の花の頃《ころ》過ぎて夏草の花を賞翫《しやうくわん》せんずる時分に、春の花の風体ばかりを得たらん為手《して》が、夏草の花はなくて、過ぎし春の花をまた持ちて出でたらんは、時の花に合ふべしや。

これにて知るべし。ただ花は、見る人の心に珍しきが花なり。しかれば、『花伝』の花の段に「物数を極めて、工夫を尽くして後《のち》、花の失《う》せぬところをば知るべし(7)」とあるは、この口伝なり。されば、花とて別《べち》にはなきものなり。物数を尽くして、工夫を得て珍しき感を心得るが花なり。「花は心、種は態《わざ》(8)」と書けるもこれなり。

物まねの鬼の段に、「鬼ばかりをよくせん者は鬼の面白きところをも知るまじき(9)」とも申したるなり。物数を尽くして、鬼を珍しくし出だしたらんは、珍しきところ花なるべきほどに面白かるべし。余の風体はなくて鬼ばかりをする上手と思はば、よくしたりとは見ゆるとも、珍しき心あるまじければ見所《けんじよ》に花はあるべからず。「巌《いはほ》に花の咲かんがごとし」[10]と申したるも、鬼をば、強く、恐ろしく、肝《きも》を消すやうにするならではおよその風体なし。これ巌なり。花といふは、余の風体を残さずして幽玄《いうげん》至極の上手と人の思ひ慣れたるところに、思ひの外《ほか》に鬼をすれば、珍しく見ゆるところ、これ花なり。しかれば、鬼ばかりをせんずる為手は、巌ばかりにて花はあるべからず。

(1) 仮令　具体的にいえば。／(2) そもそも　さて。いったい。あらためて事を説き起す際に用いる辞。／(3) 折節　その時々。その折々。／(4) 珍しき　稀であって目新しく心惹かれる。もっと見続け、聞き続けたい。／(5) もてあそぶ　賞美し、楽しむ。／(6) 面白き　趣きのあるあでやかさに心惹かれるさま。目の前（「面《おもて》」）がぱっと明るくなり（「白《しろ》し」）よろこばしく、楽しい。／(7)「物数を極めて……知るべし」「まづ、七歳より此方《このかた》年来稽古の条々、物まねの品々をよくよく心中に当てて分ち覚えて、能を尽くし、工夫を極めて後、この、花の失せぬところをば知るべし」（「第三問答条々」）を指す。／(8)「花は心、種は能」「花は心、種は態《わざ》なるべし」（「第三問答条々」）を指す。／(9)「鬼ばかりを……知るまじき」「鬼ばかりをよくせん者は、鬼も面白かるまじき道理あるべきか」（「第二物学条々」）を指す。／(10)「巌に花の……ごとし」「巌に花の咲かんがごとし」（「第二物学条々」）を指す。

この「別紙口伝」の主題は「花」を知ることである。

なにはともあれ、具体的にいえば、草木の「花」が咲くのを見て猿楽の成就を「花」と捉え始めた道理をわきまえるべきである。

いったい、「花」は、さまざまな草や木に四季がめぐってきて咲くのであるから、時節に相応じて「珍しき」(目新しい)ゆえに賞美するのである。猿楽も、観衆が「珍しき」と知るところが「面白き」である。「花」と「面白き」と「珍しき」と、この三つは同じ心である。

いずれの「花」が散らずにいるであろうか。散るゆえに、咲く時があって「珍しき」なのである。猿楽も、留《とど》まるところがないのをなにはともあれ「花」であると知るのであろう。留まることなく他の姿かたちに移りゆくゆえに「珍しき」なのである。

ただし、留意すべきことがある。「珍しき」といっても、世の中にない姿かたちを修するのではない。『風姿花伝』に書きしるした条々をすべて習い学び終え、さて猿楽を修する時に、その物まねの物数から時々の要望に応じてとりだすがよい。「花」といっても、もろもろの草や木の四季折々の時節の「花」の外《ほか》に「珍しき」「花」があろうか。そのように、習い学んだ物まねの物数を極め尽くしているならば、折々の風潮を心得て、当代の観衆の好みに応じてその姿かたちを時に取り出す。これは時の「花」が咲くのを見るようなものである。「花」といっても、種は去年咲いた「花」の種である。猿楽能も以前に見た姿かたちであるが、物まねの物数を極めていれば、その物数が尽きるのに時間がかかる。時間がかかって見るとまた「珍しき」である。その上、観衆の好みもいろいろで音曲、振舞、物まねは場所場所で異なっていてさまざまであるから、どんな姿かたちをも習い学び残していたのでは応じられない。

そのようであるから、物まねの物数を極め尽くした修者は、初春の梅から秋の菊が咲き終えるまで一年中の「花」の種を保持しているようなものである。どんな「花」であれ、観衆の好みや時に応じて取り出さなくてはならない。物まねの物数を極めていないならば、場合によって「花」を失うことがあるであろう。たとえば、春の「花」の頃が過ぎて夏草の「花」を賞翫する時に、春の「花」の姿かたちだけを体得している修者が、夏草の「花」がなく、過ぎた春の「花」をまた持ち出すのは、時の「花」に合致しているであろうか。

以上で知れるであろう。ただ「花」は、観衆に「珍しき」(目新しい)なのが「花」である。そのようであるから、『風姿花伝』第三問答条々の「花」の段に「物まねの物数を極め、工夫を尽くして後に失せることのない真実の「花」を知るであろう」と書きしるしたのは、以上の「口伝」を指している。従って、「花」といっても特別にあるのではない。物まねの物数を習い学び尽くして、工夫を重ねて「珍しき」を現出するのが「花」なのである。「「花」は工夫し、深く考える心であり、種は所作の積み重ねである」（同右）と書きしるしたのはこのことである。

『風姿花伝』第二物学条々の鬼の段に「鬼の物まねだけを良く修する修者は鬼の「面白き」ところをも知らない」と書きしるした。物まねの物数を修し尽くして、鬼を「珍しき」として、修するならば、「珍しき」ところが「花」となって、「面白き」であろう。他に修する姿かたちがなく、鬼だけを修する上手であると観衆が思っていれば、良く修していると見えて、「珍しき」がなく観衆に「花」が現出しない。鬼の段に「高く大きな岩に「花」が咲いているようなさま」と書きしるしたのも「強き」、「恐ろしき」として肝《きも》が潰れるかのように鬼を修するのでなければだいたい鬼の姿かたちではない。これが高く大きな岩である。「花」というのは、他の姿かたちを余すところなく修する幽玄（優雅）を極めた上手な修者であると観衆が思い馴染んでいるところに、思いがけず鬼を修するので、「珍しき」と見えるところ、これが「花」である。そのようであるから、鬼だけを修する修者は、高く大きな岩だけで「花」はありようがない。

［補説］

さまざまな草や木の「花」が咲く。「花」は人々を魅し、人々は解き放たれ、気分が明るくなる。「面白き」がもたらされる。猿楽の「花」も同じであると『風姿花伝』はいう。

猿楽は、神・仏事の儀礼であって、神・仏の祭祀において十全に祀られた神・仏に接し、触れるべく願う人々の根源的な欲求に基づいている。

だが、人々は有限で無常な存在であって、時・空の制約を免れられない。欲求は、時・空の制約によって情動に屈曲し、人々の振舞は、老人、女人、武人、物狂、修羅、鬼などの、情動に基づく振舞に変容する。

猿楽の修者は、下級の神職者である神人《じにん》として、人々のさまざまな振舞の一部始終を出来事と捉え、出来事における老人、女人、武人、物狂、修羅、鬼などの振舞を物まねを介して再現する。

物まねは単なる写実ではない。物まねは、舞、しぐさ、音曲などの所作から成る。修者の所作はさまざまな趣きを帯びている。趣きは、老人、女人、武人、物狂、修羅、鬼などの振舞を駆りたてている情動の端的な表出である。

修者の物まねによって辿り返された「直ぐなる」「幽玄（優雅）な」「強き」「涙を流させる」「怒れる」振舞は、老人、女人、武人、物狂、修羅、鬼などがそれぞれのありようにおいて、神・仏に接し、触れる欲求が成就される夢想を猿楽の観衆にもたらす。

猿楽は、時・空に制約されている老人、女人、武人、物狂、修羅、鬼などが神・仏に接し、触れている夢想を観衆にもたらし、己れもまた、それらとは異なるありようにせよ、神・仏に接し、触れ得る夢想を観衆に感得させる。観衆は修者の物まねにおいて「面白き」に遇う。

草や木の「花」は、春の梅、桜、桃や、夏の花橘や、秋の女郎花、紅葉、菊などである。それらは、それぞれのあでやかさで咲き、人々を魅する。「花」は『古今集』に詠われているところの花鳥風月の「花」である。「花」は間もなく散る。散らない「花」はない。「花」は時節とともに咲き、散り、移りゆく。「花」は移りゆくあでやかさをもたらし「珍しき」(目新しさ)で人々を魅する。

猿楽がもたらす「花」も同様である。幼い七歳から猿楽の修が始まり、十二、三歳の稚児の生れつきの幽玄(優雅)な舞、しぐさ、快い響きの声が移りゆき、二十四、五歳の男体で面を着けた初心の修が観衆の感歎を誘い、三十四、五歳の修の全盛期を迎え、四十四、五歳で容姿が衰えて直面《ひためん》での修がならず、五十有余歳で「せぬならでは手立」がなくなる。

その時々の「花」は、「年々去り来る」ところの「年々去来の花」である。それらは、「時分の花」であり、観衆にとって「珍しき」花である。「珍しき」「花」といってもなにか特別な「花」なのではない。移りゆくさまざまな「花」があるだけである。

猿楽の修者は「年々去来の花」を修し捨ててはならない。「幼なかりし時のよそほひ、初心の時分の態《わざ》、手盛りの振舞、年寄りての風体」を保持し、観衆の要望に応じて修しなければならない。観衆は、年若い修者を「早く上がりたる」といい、年老いた修者を「若やぎたる」といって感歎する。猿楽の修者はまた、物まねの物数も一体のみならず十体を修し得なくてはならない。鬼の物まねだけが上手であっても「面白き」はない。老人、女人をはじめ数多くの物まねの上手が鬼の物まねを修してこそ「面白き」がもたらされる。「年々去来の花」も、十体の物まねも、その一つ一つは、或る制約された時・空に根差した「時分の花」であって、他の時・空におけるもろもろの「花」の存立の可能性を感受させるかぎりにおいて「面白き」なのである。

修者によって修される「花」は「時分の花」である。猿楽の修者は、時・空の制約を越えた常住である天空の「まことの花」を修することができない。

移りゆく「時分の花」には、常住である天空の「まことの花」が映現している。有限・無常な修者は、現生における時・空の制約を負いつつ、神・仏に接し、触れるべく、生涯を通して意識化された「時分の花」を修してやまない。

一、細かなる口伝に云はく、音曲、舞、はたらき、振り、風情《ふぜい》、これまた同じ心なり。

これは、いつもの風情、音曲なれば、さやうにぞあらんずらんと人の思ひ慣れたるところを、さのみに住せずして、心根(1)に、同じ振りながらもとよりは軽々と風体《ふうてい》をたしなみ(2)、いつもの音曲なれどもなほ故実《こしつ》をめぐらして曲《きょく》(3)を色取り(4)、声色《こわいろ》(5)をたしなみて、我《わ》が心にも今ほどに執《しつ》(6)することなし、と大事にしてこの態《わざ》をすれば、見聞く人常よりもなほ面白きなど批判に合ふことあり。これは、見聞く人のため珍しき心にあらずや。

しかれば、同じ音曲、風情をするとも、上手のしたらんは、別《べち》に面白かるべし。下手は、もとより習ひ覚えつる節博士《ふしはかせ》(7)の分《ぶん》なれば珍しき思ひなし。上手と申すは、同じ節がかり(8)なれども曲《きょく》を心得たり。曲といふは、節の上の花なり。同じ上手、同じ花の内にても、無上の公案を極めたらんは、なほ勝つ(9)花を知るべし。

およそ、音曲にも、節は、定まれる形木《かたぎ》(10)、曲は、上手のものなり。舞にも、手(11)は、習へる形木、品かかり(12)は、上手のものなり。

(1) 心根　心の奥底のはたらき。内心。／(2) たしなみ　深く心を入れて修し。／(3) 曲　旋律から旋律への移りゆきに現出する微妙なあや。／(4) 色取り　つややかさを添え。／

(5)声色　声の調子や口調。／(6)執す　深く心にかける。「執《しふ》す」とも。／(7)博士　手本。基準。／(8)節がかり　旋律から旋律への流麗な移りゆき。／(9)勝つ　立合いの相手より優れた。／(10)形木　模範とする基本の型。／(11)手　舞の型。所作。／(12)品かかり　手の動きから手の動きへの流麗な移りゆきに現出する微妙なあや。

一、音曲、舞の立ち入った綿密さに関わる口伝に云う。音曲、舞、しぐさ、身振り、姿態についても前条と同じ心がいる。

いつもの姿態、音曲であるから、そのようであろうと観衆が思い馴染んでいるところに、それに留まることなく、同じ身振りであるが内心にもとよりは軽々と姿かたちに深く心を入れ、いつもの音曲であるがさらに工夫をこらして旋律から旋律への移りゆきにつややかさを添え、声の調子や口調に心を入れ、己れもこれほどに深く心にかけたことはないと思うほど大切にこの所作を修すると、見聞きする観衆のいつもより一層「面白き」という批評に遇うことがある。これは、見聞きする観衆にとって「珍しき」ではなかろうか。

そのようであるから、同じ音曲、同じ姿態を修しても、上手な修者が修したのは格別「面白き」であろう。下手な修者は、以前から習い学び覚えた基本通りの旋律であるから「珍しき」ではない。上手な修者は、旋律から旋律への移りゆきは同じであるが微妙なあやである「曲」を心得ている。「曲」は旋律から旋律への移りゆきにおける「花」である。同じ上手な修者の同じ「花」のなかでも、無上の工夫思案を極めた修者はさらに立合いに勝つ「花」を知っているであろう。

おしなべて、音曲においても旋律は定まっている基本の型であり、「曲」は上手な修者の修するところである。舞においても舞の型は、習い学ぶべき基本であり、舞から舞への流麗な移りゆきである品かかりは、上手な修者の修するところである。

一、物まねに似せぬ位《くらゐ》あるべし。

物まねを極《きは》めてその物にまことに成り入りぬれば、似せんと思ふ心なし。さる程《ほど》に、面白きところばかりをたしなめばなどか花なかるべき。

たとへば、老人の物まねならば、得たらん上手の心には、ただ素人《しらうと》の老人が風流《ふりう》(1)延年(2)なんどに身を飾りて舞ひ、奏《かな》(3)でんがごとし。もとより己《おの》が身が年寄りならば、年寄りに似せんと思ふ心はあるべからず。ただその時の物まねの人体《じんてい》ばかりをこそたしなむべけれ。

また、老人の、花はありて年寄りと見ゆる口伝(4)といふは、まづ、善悪(5)、老したる風《ふ》情《ぜい》(6)をば心にかけまじきなり。そもそも、舞、はたらきと申すは、よろづに、楽《がく》(7)の拍子に合はせて足を踏み、手を指し引き、振り、風情を拍子に当ててするものなり。年寄りぬれば、その拍子の当てどころ、太鼓《たいこ》・歌・鼓《つゞみ》の頭《かしら》(8)よりは、ちちと遅く(9)、足を踏み、手をも指し引き、およその振り、風情をも拍子に少し後《おく》るるやうにあるものなり。この故実《こしつ》何よりも年寄りの形木《かたぎ》(10)なり。この宛てがひ(11)ばかりを心中に持ちて、その外《ほか》をばただ世の常にいかにもいかにも花やかにすべし。

まづ、仮令《けりやう》(12)も年寄りの心には何事《なにごと》をも若くしたがるものなり。さりながら力なく、五体《ごたい》も重く、耳も遅ければ、心は行けども振舞《ふるまひ》のかなはぬなり。この理《ことわり》(13)を知ること、まことの物まねなり。態《わざ》をば、年寄りの望みのごとく若き風情《ふぜい》をすべし。これ、年寄りの若きことを羨《うらや》める心、風情《ふぜい》を学ぶにてはなしや。年寄りは、いかに若振舞をすれども、この拍子に後《おく》るることは、力なくかなはぬ理なり。年寄りの若振舞、珍しき理なり。老木に花の咲かんがごとし(14)。

(1) 風流　華麗な祭礼。「風流《ふうりう》」とも。／(2) 延年　寿命が延び長寿であることを願い寿ぐ。／(3) 奏づ　歌や言葉に合わせて踊る。／(4) 花はありて年寄りと見ゆるる口伝『風姿花伝』物学条々老人にしるされている「花はありて年寄りと見ゆる公案」を指す。／(5) 善悪　よかれあしかれ。なんとしても。／(6) 風情　姿態。／(7) 楽　楽曲。／(8) 頭　とくに大きく強く打ち響かす音。拍子どころ。／(9) ちちと　少しずつ。／(10) 形木　模範とする型。／(11) 宛てがひ　配慮。／(12) 仮令《けりやう》も　おおよそ。／(13) 理《ことわり》　道理。事由。事柄のわけ。／(14) 老木に花の咲かんがごとし　『風姿花伝』物学条々老人に見える。

一、物まねに対象である物に似せない品格がある。物まねを極めて物まねの対象である物に真実に成りきれば、似せようと思う心がなくなる。そういう次第で、「面白き」ところだけを深く心を入れて修すれば、どうして「花」が現出しないであろうか。

たとえば、老人の物まねであれば、体得した上手な修者の心には、ただ素人の老人が寿命が延び長寿であることを願い寿ぐ華麗な祭礼などに着飾って舞い、歌や言葉に合わせて踊るさまである。もともと己れが年寄りであるから、年寄りに似せようと思う心があるはずはない。ただその時の老人の姿態だけを深く心を入れて修するべきである。

また、老人の、「花」があって年老いていると見せることの口伝というのは、なにはともあれ、年寄りじみた姿態を心がけてはならない。いったい、舞、しぐさというのは、すべて、楽曲の拍子に合わせて足を踏み、手を指し引きし、身振り、姿態を拍子に当てて修するものである。年老いると、その拍子の当てどころが、太鼓・歌・鼓《つづみ》の拍子どころより少し遅れて足を踏み、手をも差し引きし、おしなべての身振り、姿態が少し拍子に遅れるようになるものである。この工夫がなによりも年寄りの所作の基本の型である。この配慮だけを心の内に保ち、その外《ほか》をばただ世の中の人と同じようにいかにも際立って美しくあでやかに修すべきである。

なにはともあれ、具体的にいえば、年寄りの心には何事をも若くしたがるものである。しかしながらどうしようもなく、身体も重く、耳も遠いので、心は逸《はや》るものの振舞が思い通りにならないものである。この道理を知ることが真実の物まねである。所作をば年寄りの望むように若い姿態で修するがよい。これは年寄りが若いことを羨ましく思う心、姿態を習い学ぶことではなかろうか。年寄りはどれほど若く振舞っても、この拍子に遅れることとは、どうしようもなく思うようにならない道理である。年寄りの若振舞は「珍しき」道理である。『風姿花伝』物学条々に書きしるした老木に「花」が咲くようなさまである。

一、能に十体《じってい》(1)を得べきこと。

十体を得たらん為手《して》は、同じことを一廻《ひとまは》り一廻りづつするとも、その一通《ひととほ》りの間《あひだ》久しかるべければ、珍しかるべし。十体を得たらん人はその内《うち》の故実《こしつ》(2)・工夫にては百色《ももいろ》にもわたるべし。まづ、五年・三年の内に一遍《いつぺん》づつも珍しくし替ふるやうならんずる宛《あ》てがひを持つべし。これは大きなる安立《あんりふ》(3)なり。または一年の内四季折節《をりふし》をも心にかくべし。また日を重《かさ》ねたる申楽、一日《ひとひ》の内は申すに及ばず、風体の品々《しなじな》を色取る(4)べし。かやうに、大綱《たいかう》(5)より始めてちちとあることまでも、自然《しぜん》自然に(6)心にかくれば、一期花は失せまじきなり。

また云《い》はく、十体を知らんよりは(7)、年々去来《きよらい》(8)の花を忘るべからず。

年々去来の花とは、たとへば、十体とは物まねの品々なり。年々去来とは、幼なかりし時のよそほひ(9)、初心の時分の態《わざ》、手盛《てざか》り(10)の振舞、年寄りての風体、この時分時分の、おのれと身にありし風体をみな当芸(11)に一度に持つことなり。或る時は児《ちご》、若族《にやくぞく》(12)の能かと見え、或る時は年盛り(13)の為手《して》かと覚え、またはいかほども﨟《らふ》たけて(14)功入りたるやうに見えて、同じ主《ぬし》とも見えぬやうに能をすべし。これすなはち、幼少の時より老後までの芸を一度に持つ理《ことわり》なり。さる程に、年々《としどし》去り来る花とはいへり。

ただし、この位に至れる為手、上代・末代に見も聞きも及ばず。亡父(15)の若盛りの能こそ﨟たけたる風体ことに得たりけるなど聞き及びしか。四十有余の時分(16)よりは、見慣れしことなれば疑ひなし。『自然居士《じねんこじ》』(17)の物まねに、高座《かうざ》の上にての振舞を、時の人十六、七の人体《じんてい》に見えし、なんど沙汰ありしなり。これは、まさしく人も申し、身にも見たりしことなれば、この位に相応したりし達者(18)かと覚えしなり。かやうに、若き時分には行く末の年々去来の風体《ふうてい》を得、年寄りては過ぎし方《かた》の風体を身に残す為手、二人《ふたり》とも見も聞きも及ばざりしなり。

されば、初心よりのこのかたの芸能の品々を忘れずして、その時々《ときどき》、用々《ようよう》に従つて取り出だすべし。若くては年寄りの風体、年寄りては盛りの風体を残すこと珍しきにあらずや。しかれば、芸能の位上がれば、過ぎし風体をし捨てし捨て忘るること、ひたすら花の種を失ふなるべし。その時々にありし花のままにて、種なければ手折《たを》れる枝の花のごとし。種あらば、年々時々の頃になどか遇《あ》はざらん。ただ、かへすがへす初心を忘るべからず。されば、常の批判にも、若き為手をば、早く上がりたる、功入りたるなど褒め、年寄りたるをば、若やぎたるなど批判するなり。これ珍しき理ならずや。

十体のうちを色取らば百色《ももいろ》にもなるべし。その上に年々去来の品々を一身《いっしん》当芸に持ちたらんは、いかほどの花ぞや。

(1) 十体　あらゆる風体。姿かたち。／(2) 故実　心得ておくべきこと。工夫。古来の慣習や定まり。／(3) 安立　確かな基礎の上に存立していること。仏教語。／(4) 色取る　つややかにする。／(5) 大綱　根本。大筋。／(6) 自然自然に　場合場合に応じて、と解する説に従う。／(7) より　起点を示す格助詞か。／(8) 年々去来　「去来」は去ることと来ること、過去から今までの意。／(9) よそほひ　身なりを整えた姿。／(10) 手盛り　修の全盛期。／(11) 当芸　当座の修。／(12) 若族　男色の対象としての若衆。／(13) 年盛り　三十四、五歳を指すか。／(14) 﨟たけ　「﨟」は一夏に九十日の安居を修すること。仏教語。「闌《た》く」は高い程度に達するの意。年功を積んで。／(15) 亡父　観阿弥。／(16) 四十有余の時分　十二歳の世阿弥が京都東山今熊野神社における猿楽で足利義満を魅した時、観阿弥は四十三歳であった。／(17)『自然居士』　隠遁者である自然居士が、亡父母を葬うべく人買いに身を売った少女を取り戻す筋立ての猿楽能。／(18) 相応したりし　相応じていた。

一、猿楽能における十体すなわちあらゆる姿かたちの物まねを体得しなければならない。十体すなわちあらゆる姿かたちの物まねを体得した修者は、同じ修を一《ひと》回り一回りずつ修しても、一回りするのに長くかかるので、観衆に「珍しき」であろう。十体を体得した修者は、その内に工夫を凝らすことによっては百体の姿かたちをも修し得るであろう。なにはともあれ、五年か三年の内に一回りずつ「珍しき」であるように修し替えるような配慮を持つべきである。これは修の確実な基礎である。また一年の内での四季や時節にも留意しなければならない。また数日にわたる猿楽の内や、一日の内はいうまでもないが、さまざまな姿かたちの猿楽能を興行全体としてつややかに修するように配慮すべきである。

このように大筋から始めて、些末なことまでも場合場合に応じて留意して十体を修すれば、生涯を通して「花」が失せることはないであろう。

また云う。十体を体得したならば、年々去来の「花」を忘れてはならない。

十体とは、物まねのさまざまな姿かたちのすべてであるが、年々去来の「花」とは、たとえば幼少であった時の身なりを整えた姿、初心の時期の所作、全盛時の振舞、年老いての姿かたち、これらのその時期その時期におのずと体得していた姿かたちをすべて当座の修として保持することである。或る時は稚児、若衆の修かと見え、或る時は三十四、五歳の年盛りの修者かと思われ、あるいは修練を積んだ熟達の修者かと見えて、同じ当人とは見えないように修すべきである。これは幼少の時から老後までの修を一度に保持し体得している道理である。そういう次第で、年々去り来る過去から今までの年々の「花」というのである。

しかしながら、年々去来の「花」の品格に達した修者は、昔から今まで見たことも聞いたこともない。亡父観阿弥の若盛りの猿楽能は年功を積んで熟達した姿かたちを体得していたと聞き及んでいる。四十歳を過ぎてからの姿かたちは自身見馴れていたことなので疑問の余地はない。『自然居士』における物まねである高座での説経の振舞を、当時の観衆が十六、七歳の姿態に見えたと批判したのである。これは、まちがいなく観衆の証言であり、己れも見たことであって、年々去来の「花」の品格に相応するありようを体得した修者であると思われたのである。このように、若い時は将来の年々去来の姿かたちを体現し、年老いては過去の姿かたちを身に残している修者は、亡父以外に見たことも聞いたこともない。

それゆえ、初心の頃から修得してきた物まねの物数を忘れることなく、その時々の要望に応じてとりだすがよい。若い時に年老いての姿かたちを体現し、年老いた時に年盛りの姿かたちを残すことは「珍しき」ではなかろうか。そのようであるから、修の品格が上がると、過去の姿かたちを修し捨て、修し捨てて忘れるのは、「花」の種を全く失うであろう。その時々に現出した「花」のみであって、種がなければ、手折った枝の「花」のようである。種があれば、毎年その時その時の頃にどうして「花」に遇わないであろうか。ただくれぐれも初心の修を忘れてはならない。そういう次第であるから、平生の批判でも、若い修者をば早くも品格が上がっている、熟達しているなどと褒め、年老いた修者をば若々しいなどと批判するのである。これは「珍しき」の道理ではなかろうか。

十体の内のもろもろをつややかに修すれば、百体になるであろう。それに加えて年々去来の「花」の数々を一身に保持し当座に体現するならば、どれほどの数の「花」が現出するであろうか。

〔補説〕㈠

物まねの物数を習い学び尽くす修者は、同じ姿かたちの猿楽能を修するまでの間合いがあり、「珍しき」「面白き」を体現し得る。稚児の身なり、初心の所作、全盛期の振舞、年老いての姿である年々去来の「花」を忘れることなく保持し、当座にとり出して修する修者は「面白き」「珍しき」を体現し得る。

物まねの物数を修し尽くすのみならず、年々去来の「花」を修する修者は、どれほど数多くの「花」を体現するであろうか。

〔補説〕㈡

『花鏡』は「初心忘るべからず」をめぐって次のように語っている。

初心は、修者の修が物まねの対象である物と隔たっていて、物まねが十全でないありようである。

年若い修者が己れが初心であることを忘れ、己れのありようを意識化しないならば、猿楽能は衰える。修者にとって、習い学びは、若年から老年にいたるまで、つねに初心である。

「せぬならでは手立なきほどの大事」を修すべき五十歳以上の修者もまた「初心にてはなきや」。
生涯初心を忘れることなく習い学ぶならば猿楽能が衰えることはないであろう。「命には終りあり。能には果てあるべからず」。

一、能によろづ用心を持つべきこと。

仮令《けりやう》、怒れる風体にせん時は、柔かなる心を忘るべからず。これ、いかに怒るとも、荒かるまじき手立(1)なり。怒れるに柔かなる心を持つこと、珍しき理《ことわり》なり。また、幽玄の物まねに強き理を忘るべからず。これ、一切《いつさい》、舞、はたらき、物まね、あらゆることに住せぬ理なり。

また、身をつかふ内《うち》にも心根(2)あるべし。身を強く動かす時は、足踏《あしふみ》を盗むべし。足を強く踏む時は、身をば静かに持つべし。これは筆に見えがたし、相対《あひたい》しての口伝なり(3)(これは『花習』(4)の題目にくはしく見えたり)。

(1) 手立　遣りかた。事の運びかた。／(2) 心根　心の奥底のはたらき。心遣い。／(3)

相対して　互いに面と向い合って。／（4）『花習』『花習内抜書』のみが現存する。『花習』を増補改訂した『花鏡』に「強身動宥足踏　強足踏宥身動（身を強く動かせばゆるく足を踏み、足を強く踏めばゆるく身を動かせ）」と見える。

一、猿楽能の修において万事にわたって心配りをしなければならない。

具体的にいえば、怒りの姿かたちを修する時は、柔和な心を忘れてはならない。これはどんなに激しく怒っても、「荒き」にはならない遣りかたである。怒っているにもかかわらず柔和な心を保っているのは「珍しき」が現出する道理である。また、幽玄（優雅）の物まねに「強き」道理を忘れてはならない。これは、すべての舞、しぐさ、物まね、あらゆる修において留まり停滞することのない道理である。

また、身体を働かす内にも心の奥底の心遣いがなくてはならない。身体を強く動かす時は、足をそっと運び、足を強く踏む時は、身体を静かに保たなければならない。これは書きしるし難い。面と向かって伝授する（このことは『花習』の題目で詳しく説いている）。

一、秘する花を知ること。

秘すれば花なり、秘せずば花なるべからず、となり。この分け目を知ること、肝要《かんえう》の花なり。

そもそも、一切の事《じ》、諸道芸に於《お》いて、その家々に秘事と申すは、秘するによりて大《たい》用《よう》(1)あるがゆゑなり。しかれば、秘事といふことをあらはせば、させることにてもなきものなり。これをさせることにてもなしといふ人は、いまだ秘事といふことの大用を知らぬがゆゑなり。

まづ、この花の口伝に於《お》きても、ただ珍しきが花ぞと皆人知るならば、さては珍しきことあるべしと思ひ設けたらん見物衆の前にては、たとひ珍しきことをするとも、見手《みて》の心に珍しき感はあるべからず。見る人のため花ぞとも知らでこそ為手《して》の花にはなるべけれ。されば、見る人はただ思ひの外《ほか》に面白き上手とばかり見てこれは花ぞとも知らぬが、為手の花なり。さる程《ほど》に、人の心に思ひも寄らぬ感を催《もよほ》(2)す手立、これ花なり。

たとへば、弓矢の道の手立にも、名将の案《あん》・計らひにて思ひの外《ほか》なる手立にて強敵《がうてき》にも勝つことあり。これ、負くる方《かた》のためには、珍しき理に化《ば》かされて破らるるにてはあらずや。これ、一切の事《じ》、諸道芸に於いて勝負に勝つ理なり。かやうの手立も、事落居《ことらつきよ》(3)してかかる計り(4)ごとよと知りぬれば、その後《のち》はたやすけれども、いまだ知らざりつるゆゑに負くるなり。さる程に、秘事《ひじ》とて一つをば我《わ》が家《いへ》に残すなり。

ここを以て知るべし。たとへあらはさずとも、かかる秘事を知れる人よ、とも人には知られまじきなり。人に心を知られぬれば、敵人《てきじん》油断せずして用心を持てば、かへつて敵《かたき》に心をつくる相《さう》(5)なり。敵方《てきはう》用心をせぬ時は、こなたの勝つことなほたやすかるべし。人に油断をさせて勝つことを得るは、珍しき理の大用《たいよう》なるにてはあらずや。

さる程《ほど》に、我が家《いへ》の秘事とて、人に知らせぬを以《も》て生涯の主《ぬし》になる花とす。秘すれば花、秘せねば花なるべからず。

(1) 大用　大きな効用。／(2) 感を催す　感興を引き起こす。／(3) 落居　出来事の決まりがつき、落着くこと。／(4) 計りごと　計略。／(5) 相　ありよう。様態。今後の様子を予示する外面に現れたすがた。

一、秘してある「花」を知ること。

秘すれば花なり。秘せずば花なるべからず（秘することによって「花」となる。明かせば「花」にならない）という文言がある。この分け目を知ることが「花」において非常に大切である。

いったい、すべての物事、もろもろの芸能において、その家々の秘事というのは、秘することの大きな効用があるゆえである。そのようであるから、秘事を明らかにすれば、その内実は大したことではないものである。これを大したことではないではないかという人はまだ秘事の大きな効用を知らないからである。

なにはともあれ、この「花」の口伝においても、ただ「珍しき」が「花」であると観衆が皆知るならば、さては何か「珍しき」ことが修されるであろうと心構えて待っている観衆の前では、たとえ「珍しき」ことを修しても、観衆に「珍しき」の感はないであろう。観衆にとって「花」であると知らずにいてこそ、修者の修が「花」となり得るであろう。そういう次第で、観衆がただ思いもよらず「面白き」上手な修者であるとだけ見てこれは「花」であるとも知らないのが、修者の修の「花」である。ともあれ、観衆に思いも寄らない感興を引き起す遣りかた、これが「花」なのである。

たとえば、兵法の戦術にも、名将の案出した計略によって思いも寄らない戦術で強敵にも勝つことがある。これは、負けた側からすれば「珍しき」道理に幻惑させられて敗北したのではなかろうか。これは、すべての物事やもろもろの芸能において勝負に勝つ道理である。このような戦術も、勝敗が決着して名将の案出した計略であると知れば、その後の対応は容易であるが、まだ知らなかったゆえに負けたのである。そういう次第で、秘事として一つを我が家に残して置くのである。

このことから知るがよい。たとえ秘事の内実は明かさなくても、秘事を保持している修者である、と相手に知られてはならない。相手に知れたならば、相手は油断せず用心し、逆に警戒心を抱かせることになる。相手が用心していないときはこちらが勝つことがずっと容易であろう。相手に油断をさせて勝つことを得るのは、「珍しき」の道理の大いなる効用ではなかろうか。

そういう次第で、我が家の秘事を、相手に知らせないことによって生涯を通しての「花」の持ち主となるのである。秘することによって「花」となるが、明かせば「花」にならない。

［補説］㈠

秘することによって「花」があるという文言がある。秘する内実は猿楽に「珍しき」をもたらす工夫である。明かせばそれほどのことではないが、我が家に秘事を一つ残して置く。秘する内実のみならず、秘事を保持していること自体を相手に知られてはならない。

［補説］㈡

相手に油断させて立合勝負に勝つことは秘することの大きな効用である。

立合を論ずるにあたって、戦いのありようが引きあいに出されることが多い。『風姿花伝』において猿楽の修は、観衆を魅する「花」をめぐって、相手方と勝ち負けを競う厳しい修であった。相手はつねに油断のならない同輩の修者であったことが窺えよう。

一、因果《いんぐわ》の花(1)を知ること極《きは》めなるべし。

一切みな因果なり。初心よりの芸能の数々は因なり。能を極め、名を得ることは果なり。しかれば、稽古するところの因おろそかなれば、果を果たすことも難《かた》し。これをよくよく知るべし。

また、時分(2)にも恐るべし。去年《こぞ》盛りあらば、今年は花なかるべきことを知るべし。時の間《ま》にも男時《をどき》(3)、女時《めどき》(4)とてあるべし。いかにすれども、能にも良き時あればかならず悪きこともまたあるべし。これ、力なき因果(5)なり。

これを心得て、さのみに大事になからん時の申楽には、立合勝負にそれほどに我意執《がいしう》(6)を起こさず、骨をも折らで、勝負に負くるとも心にかけず、手を貯《たば》ひて(7)少な少なと能をすれば、見物衆もこれはいかやうなるぞと思ひ醒《さ》めたるところに(8)、大事(9)の申楽の日手立を変へて得手《えて》の能をしてせいれい(10)を出《い》だせば、これまた、見る人の思ひの外《ほか》なる心出で来れば、肝要の立合、大事の勝負に定めて勝つことあり。これ珍しき大用(11)なり。このほど悪かりつる因果にまた良きなり。

およそ、三日《みつか》に三《み》庭《には》(12)の中楽あらん時は、指寄《さしよ》りの一日《ひとひ》なんどは、手を貯《たば》ひてあひしらひて(13)、三日の内《うち》にことに折角《せっかく》(14)の日と覚《おぼ》しからん時、良き能の得手《えて》に向きたらんを眼精《がんぜい》を出《い》だして(15)すべし。一日《ひとひ》の内にても、立合なんどに自然女時《めどき》に取り合ひたらば、初《はじ》めをば手を貯《たば》ひて、敵の男時、女時に下がる時分、良き能を揉《も》み寄せて(16)すべし。その時分、またこなたの男時に返る時分なり。ここにて能良く出で来《き》ぬれば、その日の第一をすべし。

この男時・女時とは、一切の勝負に、定めて一方《いっぽう》色めきて(17)良き時分になることあり。これを男時と心得《こころう》べし。勝負の物数久しければ、両方へ移り替り移り替りすべし。ある物に云はく、勝負神《じん》とて、勝つ神・負くる神、勝負の座敷を定めて守らせ給ふべし。弓矢の道に宗《むね》(18)と秘することなり。

敵方の中楽良く出で来《き》たらば、勝神《しょうじん》あなたにましますと心得て、まづ恐れをなすべし。これ、時《とき》の間《ま》の因果の二神にてましませば、両方へ移り替り移り替りて、また我が方《かた》の時分になると思はん時に、頼みたる能をすべし。これすなはち座敷の内の因果なり。かへすがへすおろそかに思ふべからず。信あれば徳(19)あるべし。

（1）因果の花　「花」における因果の道理。／（2）時分　時に関わる因果の道理。／（3）男時　運勢の良い時。／（4）女時　運勢の悪い時。／（5）力なき　どうにもならない。どうしようもない。／（6）我意執　執着心。／（7）貯ひて　出し惜しんで。とっておいて。／（8）思ひ醒めたる　興ざめする。感興が薄れる。／（9）大事　晴れがましい大切な。／（10）せいれい　「せいれひ」とも。精髄と解する説に従う。／（11）大用　大きな効用。／（12）庭神・仏事の場。／（13）あひしらひて　ほどよく対応して。／（14）折角　苦心。尽力。／（15）眼精を出だして　「眼精」はひとみ。まなこ。仏教語。「眼精突出（＝まなこを剝き出しにして。懸命に）」の意に近いか。／（16）揉み寄せて　追いこむように激しく。／（17）色めきて　はなやかに勢いづいて。／（18）宗と　もっぱら。／（19）徳　恩恵。

一、「花」における因果の道理を知ることが「花」の極《きわ》めである。

あらゆる物事はみな因があって果がある。初心の時から習い学んだ猿楽の数々は因である。猿楽を極め、名声を得るのは果である。そのようであるから、猿楽の修得である因がなおざりであれば、良い果を得ることも難しい。このことをよくよく知らなければならない。

また、時に関わる因果の道理をも恐れ謹《つつし》むべきである。去年「花」が盛りであれば、今年は「花」がないであろうことを知るべきである。短い時間の内にも運勢の良い男時《をどき》、運勢の悪い女時《めどき》がある。どのように修しても猿楽能にも成就する良い時があれば、必ず成就しない悪い時がまたあるであろう。これはどうにもならない因果である。

これを心得て、さほど晴れがましく大切でない時の猿楽では、立合勝負にそれほど執着心を起こさず、骨をも折らず、勝負に負けても気にかけず、所作を出し惜しんで、控えめに修すれば、観衆もこれはどうしたことかと興醒《きょうざ》めしているところに、晴れの大切な猿楽の日に遣りかたを変えて得意とする猿楽能を精魂を込めて修すれば、これまた、観衆に思いの外《ほか》の心が生まれて、大切な立合勝負に必ず勝つことがある。これは「珍しき」の大いなる効用である。先日悪かった因果で、今日はまた良いのである。

だいたいのところ、三日に三度の猿楽が催される時は、最初の一日などは、所作を出し惜しんで、程《ほど》よく対応して、三日の内でとくに尽力すべき日と思われる時に、良い猿楽能で得意とする猿楽能を懸命に修すべきである。一日の内でも、立合勝負などで、万一女時にぶつかったならば、初めは所作を出し惜しんで、相手の男時が女時に下がった時に、良い猿楽能を追い込むように激しく修すべきである。その頃合がまたこちらに男時が戻ってくる頃合である。ここで猿楽能が成就したならば、その日の第一の猿楽能を修すべきである。

この男時・女時とは、あらゆる勝負において、必ず一方がはなやかに勢いづいて運勢が良くなる頃合がある。これを男時と心得よ。立合勝負の猿楽能の数が多いと男時・女時は一方から他方へと移り替り移り替りするであろう。或る書物に、勝負神といって勝つ神・負ける神が、勝負の場を守っておられる、とある。兵法でもっぱら秘事としていることである。

相手方の猿楽の出来が良かったならば、勝つ神が相手方におられると心得て、なにはともあれ恐れ、謹むべきである。これは、時の因果の道理の二柱の神でいられるから、両方へ移り替り移り替りし、また勝つ神が我が方に来られた時分であると思った時に、たよりとする猿楽能を修すべきである。これがすなわち猿楽の場における因果の道理である。くれぐれもなおざりに思ってはならない。神を信じ敬えば、恩恵があるであろう。

一、そもそも、因果とて、良き、悪しき時のあるも、公案を尽くして見るに、ただ珍しき、珍しからぬの二つなり。同じ上手にて、同じ能を昨日、今日見れども、面白やと見えつることの、今また面白くもなき時のあるは、昨日面白かりつる心慣《な》らひ、今日は珍しからぬによりて、悪しと見るなり。その後《のち》また良き時のあるは、先《さき》に悪かりつるものを、と思ふ心、また珍しきにかへりて、面白くなるなり。

されば、この道を極め終りて見れば、花とて別にはなきものなり。奥義を極めて、よろづに珍しき理《ことわり》を、我れと知るならでは、花はあるべからず。経(1)に云はく、善悪不二《ぜんあくふに》、邪正一如《じやしやういちによ》(2)とあり。本来より良き、悪しきとは何を以て定むべきや。ただ時によりて用足る物(3)をば良き物とし、用足らぬを悪しき物とす。この風体《ふうてい》の品々も、当世《たうせい》の衆人《しゆにん》(4)、所々にわたりて(5)、その時のあまねき(6)好みによりて取《と》り出《い》だす風体、これ、用足るための花なるべし。ここにこの風体をもてあそめば(7)、かしこにまた余《よ》の風体を賞《しやう》翫《くわん》す。これ、人々《にんにん》、心々《こころごころ》の花なり。いづれをまことにせんや。ただ時に用《もち》ゆるを以て花と知るべし。

(1) 経　出典不明。／(2) 善悪不二、邪正一如　『維摩経』などの仏説を要約した文。善と悪は別の二つではなく、正と邪は同一であり、善悪、正邪の区別はなく、本来絶対知の等しい現れであるの意。／(3) 用足る　要望を満たす。／(4) 衆人　人々。多くの人。／(5) わたりて　広い範囲に及んで。／(6) あまねき　広く行きわたっている。／(7) もてあそめば　賞美し、楽しめば。

一、いったい、因果の道理といって、良い時、悪い時のあるのも、工夫し、思案し尽してみるに、ただ「珍しき」である、「珍しき」でない、の二つである。同一の上手な修者による、同一の猿楽能を、昨日、今日見ても、昨日「面白き」と見た猿楽能が、今日はまた「面白き」でないので、悪いと見るのである。その後また良いと見る時があるのは、この前悪かったと思う心が、また「珍しき」に戻って、「面白き」になるからである。

そういう次第で、猿楽を極め尽し終えて見ると、「花」といっても特別なものがあるのではない。究極の大切なところを極めて、あらゆることにおける「珍しき」の道理を己れで知るのでなければ、「花」はないであろう。

仏説に、善と悪は別の二つではなく、正と邪は同一であって、善悪・正邪は本来絶対知の等しい現出であると説かれている。良い、悪いは本来何によって定められるのであろうか。ただ時々に要望を満たす物を良いとし、要望を満たさない物を悪いとする。猿楽のさまざまな姿かたちも、当代の観衆や場所場所により、その時その時の広い範囲に行きわたっている好みに従って取り出す姿かたち、これが、要望を満たすところであり、「花」である。ここでこの姿かたちを賞美し楽しめば、あそこではまたあの姿かたちをもてはやし讃える。これは、それぞれの人々、それぞれの心々の「花」である。どの「花」を真実の「花」とすべきであろうか。ただその時その時の要望を満たすのが「花」であると知るべきである。

［補説］

あらゆる物事には因果の道理がある。猿楽にも、どうにもならない良い時、悪い時の因果の道理がある。

去年が「花」の盛りである良い時であれば、今年は「花」のない悪い時である。また、一日の内にも良い時である男時、悪い時である女時がある。立合勝負において相手方が男時であったら、当方は控えめに修するがよい。男時、女時は移り替る。当方に男時が戻ったら、得意とする猿楽能を追い込むように激しく修すべきである。

良い時、悪い時は、観客の体感である「珍しき」・「目新しくなさ」、「面白き」・「面白くなさ」に帰着する。同一の猿楽能を同一の修者が修するのを昨日、今日見て、昨日は「面白き」であったが今日は「面白き」でないのは、昨日は「珍しき」であったが今日は「珍しき」でないからである。いつの日か「珍しき」が戻れば、その猿楽能はまた「面白き」であろう。

「花」はなにか特別な「花」があるのではない。春の梅、桜、桃、夏の花橘、秋の女郎花、紅葉、菊が、その折々に「珍しき」「面白き」「花」なのである。猿楽を極め、「珍しき」

「面白き」が体現されるのでなければ「花」はない。

善と悪、正と邪は本来同一であって善悪・正邪は絶対知の等しい現出であると仏説はいう。良い、悪いは何によって定められているのであろうか。時空に制約された欲求に応ずるさまが良いのであり、応じないさまが悪いのである。

この時処ではこの姿かたちの猿楽能が賞美され、あの時処ではあの姿かたちの猿楽能がもてはやされる。それぞれの人、それぞれの心にとっての「花」以外に猿楽の「花」はない。人々それぞれの要望に応ずる外《ほか》に猿楽の「花」はない。

一、此《この》別紙の口伝《くでん》、当芸に於《お》いて家の大事《だいじ》、一代一人の相伝(1)なり。たとひ一子たりといふとも無《ぶ》器量《きりやう》(2)の者には伝ふべからず。

家、家にあらず、継《つ》ぐを以《も》て家とす。人《ひと》、人にあらず、知るを以《も》て人とす(3)といへり。

これ万徳了達《ばんとくれうだつ》(4)の妙花《めうくわ》を極むるところなるべし。

（1）一代一人の相伝　一世代に一人に限って伝授する。／（2）無器量　力量のない猿楽の修者。／（3）家、家にあらず、継ぐを以て家とす。人、人にあらず、知るを以て人とす　猿楽の家は家として続いているだけでは家ではない。猿楽の大事を継承してこそ家である。猿楽の修者はただ修するだけでは猿楽の修者ではない。猿楽を知ってこそ猿楽の修者である。／(4)万徳了達　あらゆる福徳を見極め、もたらし成就している。「了達」は、あきらかに見極め、悟ること。仏教語。

一、この別紙に記した口伝は、猿楽における我が家の大切な重要事で、一世代に一人に限って伝授する秘伝である。たとえ該当者が一人であっても力量のない者に伝えてはならない。

猿楽の家は、家として続いているだけでは家ではない。猿楽の大切な重要事を継承してこそ家である。猿楽の修者はただ修するだけでは修者ではない。猿楽を知ってこそ修者であるといわれている。

これはあらゆる福徳を見極め、もたらす妙なる「花」の口伝である。

一、此《この》別紙条々《でうでう》先年弟四郎(1)相伝するといへども、元次(2)芸能感人(3)たるによつて是をまた伝ふるところなり。秘伝々々。

応永廿五年六月一日　　　　　　　　　　　世《ぜ》（花押）

（1）四郎　世阿弥の弟。三郎元重（音阿弥の父）。／（2）元次　世阿弥の嫡男十郎元雅の幼名かと解する説に従う。／（3）感人　堪人《かんにん》（堪能、優れた力量の人）の当て字。

一、この別紙の条々は先年弟の四郎（三郎元重〈音阿弥〉の父）に伝授したが、元次（嫡男十郎元雅の初名か）も力量に秀でた修者であるのでこれをまた伝授する。秘伝として大切にせよ。

応永二十五（一四一八）年六月一日　　　　　世（花押）（世阿弥五十五歳）

夢《む》跡一紙《せきいつし》

「根に帰り古巣を急ぐ花鳥《はなとり》の、同じ道にや春も行くらん」[1]。げにや、花に愛《め》で、鳥をうらやむ情《なさけ》[2]、それは心ある詠《なが》め[3]にやあらん。これは親子[4]恩愛《おんあい》の別《わかれ》を慕《した》ふ思ひ、やる方《かた》もなきあまりに、心なき花鳥をうらやみ、色音《いろね》に惑《まど》[5]ふあはれさも、思へば同じ道なるべし。

さても去《さんぬる》八月一日《ついたち》の日、息男善春《そくなんぜんしゆん》[6]、勢州安濃《せいしうあの》の津《つ》[7]にて身まかりぬ。老少不定《らうせうふぢやう》の習い、今さら驚くには似たれども、あまりに思ひの外《ほか》なる心地《ここち》して、老心身《らうしんみ》を屈し[8]、愁涙《しうるい》袖を腐《くた》す。

さるにても善春、子ながらも類《たぐゐ》なき達人《たつじん》として、昔《むかし》亡父此道《このみち》の家名を受けしより、至翁《しおう》又[9]私《わたくし》なく当道[10]を相続《さうぞく》して、いま七秩《しちちつ》[11]に至れり。善春又祖父にも越《こ》えたる堪能《かんのう》と見えしほどに、「ともに云《いふ》〔べく〕して云《い》はざるは人を失ふ」[12]と云《いふ》本文にまかせて、道の秘伝・奥《あう》義《ぎ》ことごとく記《しる》し伝へつる数々、一炊《いつすい》の夢[13]と成《なり》て、無主無《む》益《やく》[14]の塵煙《ちりけむり》となさんのみ也。今は残しても誰《た》がための益《やく》かあらむ。「君ならで誰《たれ》にか見せん梅の花」[15]と詠《えい》ぜし心、まことなる哉《かな》。

しかれども(16)、道の破滅の時節当来し、由《よし》なき(17)老命残《らうめいのこつ》て、目前の境涯《きやうがい》にかゝる折節を見る事、悲しむに堪《た》えず。

あはれなる哉《かな》。「孔子は鯉魚《りぎよ》(18)に別《わかれ》て思火《おもひのひ》を胸に焚《た》き、〔白居易〕(19)は子を先立《さきだ》てて枕間《まくらのほとり》に残る薬を恨《うら》む(20)」と云《いへ》り。善春幻《まぼろし》に来《きたつ》て、仮《かり》の親子の離別の思ひに、枝葉《しえふ》(21)の乱墨(22)を付《つく》る事、まことに思《おもひ》のあまりなるべし。

思ひきや(23)身は埋《むも》れ木の残る世に盛《さか》りの花の跡を見んとは

永享二々年(24)九月日　　至翁書

幾程《いくほど》と思はざりせば(25)老《おい》の身の涙の果てをいかで知らまし

（1）「根に帰り古巣を急ぐ花鳥の、同じ道にや春も行くらん」『新千載集』巻二・一八五、二条為定。／（2）花に愛で、鳥をうらやむ　「かくてぞ、花をめで、鳥をうらやみ、……」（『古今集』仮名序）を踏まえる。／（3）心ある詠め　風雅な心のこもった和歌。／（4）これは己れの場合は。／（5）色音に惑ふ　花の色鳥の声につけても子を思い出して心を乱している。／（6）息男善春　長男である十郎元雅。善春は法名。／（7）勢州安濃の津　今の三重県津市。／（8）老心身を屈し　老いくずおれた心が身をも衰弱させ。／（9）至翁　世阿弥の法号。／

(10) 私なく　忠実に。／(11) 七秩　七十歳。／(12)「ともに云〔べく〕して……人を失ふ」「べく」は「つく」を改めた。「可㆓与言㆒而不㆓与言㆒失㆑人」(『論語』衛霊公篇)に拠る。／(13) 一炊の夢　はかない夢のような結果。／(14) 無主無益　持ち主がなく何の役にも立たない。／(15)「君ならで……梅の花」「君ならで誰にか見せん梅の花色をも香をも知る人ぞ知る」(『古今集』第一・三八、紀友則)を踏まえる。／(16) しかれども　それにしても。漢文訓読から生まれた辞。／(17) 由なし　無益な。とるに足りない。／(18) 鯉魚　孔子の子である鯉。字は伯魚。／(19) 白居易　「白居居」を訂す。／(20) 枕間に残る薬　「故衣猶架上、残薬尚頭辺」(『白氏文集』巻十四「病中哭㆓金鑾子㆒」)を踏まえる。／(21) 枝葉　とりとめのない。無益な。／(22) 乱墨　書きちらすこと。／(23) 思ひきや　かつて思ったことであろうか、いや思ひもしなかった。思ひもよらなかったことである。／(24) 永享二々年　二々年は四年。一四三二年。／(25) 幾程と思はざりせば　己が余命も幾ばくもないと思っていないとしたら。

夢跡一紙

「根に帰り古巣を急ぐ花鳥の　同じ道にや春も行くらん（二条為定。花は根に、鳥は古巣に帰って行く。春も同じ道を過ぎ行くのであろうか）」。花を愛し、鳥を羨《うらや》ましく思う心に駆《か》られるままに、情趣を解しない花や鳥を羨《うらや》み、花の色、鳥の声に心を動かされるのも思い返せば同じ道を過ぎ行くのであろう。

我が子十郎元雅（法名善春）は去る八月一日、伊勢国安濃津《あのうつ》（三重県津市）で急死した。老いた者が先に、若い者が後れて死ぬとは定まっていないことに今更ながら驚かされ、あまりに思いがけなく、心がくずおれ、身が折れ曲り、愁いの涙が袖を朽《く》ちさせる。

我が子ながら元雅は、並ぶ者もない熟達した猿楽の修者で、猿楽の道を亡祖父観阿弥が受け継いで以来、世阿弥も忠実に継承して七十歳になった。元雅は猿楽の修に亡祖父観阿弥をも越えた優れた才能の持主と見受けたので、「ともに云ふべくして云はざるは人を失《うしな》ふ（伝えるべき人に奥義を伝えないならば、その人は離れていく）」という本文に従って猿楽の奥義を書きしるした述作を伝授したのだが、すべてはかない夢と消え、塵煙になってしまった。誰の役に立とうか。「君ならで誰にか見せん梅の花　色をも香をも知る人ぞ知る（紀友則。ほかの誰に梅の花を見せようか。美しさも香りもわかるあなただけが己れのものとするのであるから）」と詠んだ心がよくわかる。

猿楽の道が滅びる時節が来て、とるに足りない老いた者ばかりが残る事態を前にして悲しみに堪えない。

なんとも悲しい。孔子は子の鯉（字《あざな》は伯魚）と死別して悲しみの火を胸に燃やし、白居易は子に先立たれて枕辺に残った薬を恨んだという。我が子元雅が夢幻に現われ来て、はかない現生の親子の別れを思い知らされ、とりとめもなく歎きをしるすのも悲しみのゆえである。

「思ひきや　身は埋《むも》れ木の残る世に盛りの花の跡を見んとは（老い朽《く》ちた己れが残り、花の盛りである我が子元雅の亡き跡を葬うとは思いもよらなかったことよ）」

永享四年（一四三二）九月日至翁（世阿弥の法号）

「幾程《いくほど》と思はざりせば老の身の涙の果《は》てをいかで知らまし（己れの命がいくばくもないと思っていないとしたならば、涙の涸《か》れる果てを知るであろうけれども果てが知れない）」

金島書《きんとうしよ》

若州《じやくしう》

(只《ただ》こと葉)(1) 永享六年五月四日都を出で、次日《つぎのひ》若州《じやくしう》小浜《をばま》(2)と云泊《いふとまり》(3)に着きぬ。ここは先年《せんねん》も見たりし処なれども、今は老耄《らうもう》(4)なれば定《さだ》かならず、見れば江《ゑ》(5)めぐり〱て、磯(6)の山浪の雲と連《つら》なつて、伝へ聞く唐土《もろこし》の遠浦《ゑんぽ》の帰帆《きはん》(7)とやらんも、かくこそ(と)思ひ出《いで》られて、

【歌う】(8) 船止むる、津田の入海《いりうみ》(9)見渡せば、〱《(つだの…)》、五月《さつき》も早く橘の(10)、昔こそ身の、若狭路《わかさぢ》と見えしものを、今は老《おい》の後背山《のちせやま》(11)。され共《ども》松は緑にて、木深《こぶか》き木末《こずゑ》は気色だつ(12)、青葉の山(13)の夏陰の、海の匂ひ(14)に移《うつ》ろひ(15)て、さすや(16)潮《うしほ》も青浪の、さも底ひなき水際《みぎは》哉《かな》、〱《(さも…)》。

(詠)(17) 青苔《せいたい》衣帯びて巌《いわを》の肩にかゝり、白雲《はくうん》帯に似て山の腰を廻《めぐ》(18)ると、

(歌)(19) 白楽天が詠《なが》めける、東の船西の船、出で入る月に影深き、潯陽《しんやう》の江《ゑ》のほとり(20)、かくやと思ひ知られたり。

（1）只こと葉　底本になく補う。「只」は、普通の意。「こと葉」は節のついていない部分。／（2）若州小浜　福井県小浜市。／（3）泊　宿所。旅人などが宿をとる場所。／（4）老耄　老いぼれること。「老」は七十歳、「耄」は八十歳・九十歳の老人。／（5）江　海などが陸地に入り込んだ部分。入江。／（6）磯　海辺・岸辺の岩。水中から出ている岩石。／（7）遠浦の帰帆　瀟湘《しょうしょう》八景のひとつ。／（8）歌う　拍子に合う七五調の謡。上歌《あげうた》。上音で謡いだし、下音で止める。／（9）津田の入海　小浜港近辺の旧称。／（10）橘の「さ月待つ花橘の香をかげば昔の人の袖の香ぞする」（『古今集』巻三、一三九）を踏まえる。／（11）後背山　小浜港南方の山。歌枕。／（12）気色だつ　様子がはっきりと目に見える。／（13）青葉の山　若狭と丹波の境。歌枕。／（14）匂ひ　色の映えのある美しさ。／（15）移ろひ　状態が変ってゆく。／（16）さす　船を進めるために棹で水底をつく。／（17）詠　詩歌を吟詠する拍子に合わない小段。／（18）青苔……腰を廻る　都在中の詩句「白雲以帯囲山腰、青苔如衣負巌背」（『江談抄』巻四）に基づく。／（19）歌　拍子に合う謡。上歌か。／（20）東の船西の船……潯陽の江のほとり　白楽天、琵琶行「潯陽江頭夜送レ客、……東船西舫悄無言、唯見江心秋月白」に基づく。

若州（若狭国）

「永享六年（一四三四）五月四日都を出て、翌日若狭国小浜の港に着いた。此処《ここ》は以前訪れた処《ところ》であるが、今は老いぼれて記憶が定かでない。眺めやると入江にとり囲まれ、水辺の岩が波に、山が雲に並び続き、風光明媚な瀟湘《しようしよう》八景の遠浦の帰帆が思いやられて、

〜舟の泊まっている小浜の入海を見渡すと、五月の花橘の昔を想い起こさせる若狭の旅路であるが、今は老いの身の後背山である。けれども松は変ることなく緑で、生い茂った梢《こずえ》は色鮮かに映《は》え、青葉の山は海の夏の光に美しく移りゆき、限りなく深く棹《さお》さす水際よ。

〜岩は肩に青葉の衣を掛け、山は腰に白雲の帯をめぐると

〜白居易が詠んだ東へ行く船、西へ行く船が出入する月光の射す潯陽江《しんようのえ》の水辺が思い知られることよ。

海路《かいろ》

【只《ただ》うた(1)】かくて順風時至《いた》りしかば、纜《ともづな》(2)を解き船に乗り移り、海上《かいしやう》に浮かむ。さるにても佐渡の島までは、いかほどの海路やらんと尋《たづ》ねしに、水手《すいしゆん》(3)答ふるやう、遥々《はるばる》の舟路なりと申《まうし》しほどに、

【下】遠くとも、君の御蔭に洩れてめや、八島の外《ほか》も同じ海山《うみやま》。

【上】今ぞ知る、聞くだに遠き佐渡の海に、老の波路の船の行末、万里《ばんり》の波濤《はたう》におもむくも、

【下くり】たゞ一帆《いつぱん》の道とかや、一葉《いちえふ》の内には、千顆《せんくわ》(4)万徳《ばんとく》のつうしよ(5)あり。

【こせさは】(6)げにや世の中は、何にたとゐん朝ぼらけ、漕ぎ行《ゆく》船(7)の路もはや、幾瀬の波を越えぬらん、北海漫々《まんまん》として、雲中に一島なし、東を遥《はるか》に見渡せば、五月雨《さみだれ》の空ながら、その一方《ひとかた》は夏もなき、雪の白山《しらやま》ほの見えて、雪間や遠く残らん。なを行末も旅衣、能登の名に負ふ国つ神、(8)珠洲《すず》の岬(9)や七島《ななしま》(10)の、海岸遥かにうつろひて、入日を洗ふ沖つ波、(11)そのま、暮れて夕闇の、蛍とも見る漁火《いさりび》や、夜の浦をも知らずらん。(12)

【上】(13)たなびく雲の立山《たてやま》(14)や、明け行天《あま》の砺波山《となみやま》(15)、倶利伽羅峰《くりからみね》までも、それぞとばかり〔三《み》越路《こしぢ》(16)〕の、船遥々と漕ぎ渡る、末有明の浦の名も、(17)月をそなたの知るべにて、浪の夜昼行船の、去ること早き年の矢の、下の弓張の月もはや、(18)曙の波に松見えて、早くぞ爰《ここ》に岸影の、爰はと問《とへ》ば佐渡の海、大田の浦(19)に着にけり、〔（おほだの…）〕。

(1) 只うた 「只こと葉」の誤写か。／(2) 纜 舟底にあって舟をつなぎとめる綱。／(3) 水主 水夫。舟の漕ぎ手。／(4) 顆 まるい物を数える助類詞。／(5) つうしよ 語義不詳。／(6) こせさは 「くせまい（曲舞の節を取り入れた長文の謡）」の誤写。／(7) 世の中は

……漕ぎ行船の　「世の中を何にたとへむ朝ぼらけ漕ぎゆく船の跡の白波」（『拾遺集』巻二十、沙弥満誓、一三二七）を踏まえる。／(8)能登の名に負ふ国つ神　能登生玉比古神社・能登比咩神社の神。／(9)珠洲の岬　能登半島の東北端。／(10)七島　輪島港の北方の岩島。七つ島。／(11)入日を洗ふ沖つ波　「なごの海の霞の間より眺むれば入日を洗ふ沖つ白波」（『新古今集』巻第一春歌上三五、後徳大寺左大臣）を踏まえる。／(12)知らす　統治する。／(13)上　クセのアゲハ（旋律が上音中心に変わる部分）。／(14)立山　越中の立山。／(15)砺波山　越中と加賀の境。倶利伽羅峠はその山中。／(16)三越路　越前・越中・越後。／(17)有明の浦　越後の海岸。村上市近辺。／(18)下の弓張の月　下弦の月。五月下旬。／(19)大田の浦　佐渡南岸の港。畑野町多田。

海路

「風が穏やかなので纜《ともづな》が解かれ、舟に乗り移って、海上に浮かんだ。佐渡の島まではどれほどの舟旅なのかと尋ねたところ、舟乗りの答えにははるばるの舟路であると申したので、〽遠くであろうと、天皇の庇護《ひご》から洩れるであろうか。そうではあるまい。八島（本州・四国・九州・淡路・壱岐・対馬・隠岐・佐渡）の外《ほか》も同じ海、山である。

〽今こそ知る。聞いただけでも遠い佐渡に向かう年老いての波路の果てである万里の海に赴く

〽ただ一艘の帆掛舟よ。小さな帆には数多くのはたらきがあるのだ。

〽世の中は何に喩《たと》えられよう。夜明けの海を漕いで行く舟路はどれほどの波を越えるのか。此の海は遠く広々と拡がり、雲間に島一つない。はるか東を見渡せば、五月雨《さみだれ》の空が続き、西方には夏もなく、雪の白山がかすかに見えて、積雪の消えた合間が遠く残っている。行先はなおはるかで、能登生玉比古神《いくたまひこ》、能登比咩《ひめ》神、珠洲岬《すずみさき》、七つ島を海岸はるかに通り過ぎ、入日を洗う沖つ白波に乗り、日が暮れて夕闇に飛ぶ蛍にも似た漁火《いさりび》（夜間に魚を獲るために焚く火）が夜の港を知らせる。

〽雲がたなびいている立山《たてやま》、夜が明けていく天砺波山《あまのとなみやま》、倶利伽羅《くりから》峠をそれと見ながら、末は有明の浦を月に導かれて波を越え、過ぎ去ることの速い年月の矢の、下弦の月の夜明けの波に松が見え、岸影が間近く、ここはどこかと尋ねると、佐渡の海の大田浦に着いたことであった。

配処《はいしょ》

【只《ただ》こと葉】その夜は大田の浦に留《とど》まり、海士《あま》の庵《いほり》の磯枕して、明くれば山路を分け登りて、笠かり(1)と云《いふ》峠に着きて駒を休めたり。ここは〔都〕にても聞きし名所《などころ》なれば、山はいかでか紅葉しぬらん(2)と、夏山楓《かへで》の病葉《わくらは》までも、心ある様《さま》に思ひ染めてき(3)。そのまゝ山路を降り下れば、長谷(4)と申《まうし》て観音《かんおん》の霊地わたらせ給《たまふ》。故郷《こきやう》にても聞きし名仏にてわたらせ給へば、ねんごろに(5)礼拝《らいはい》して、その夜は雑太《さうた》の郡(6)、新保《しんぽ》(7)と云ところに着きぬ。国の守《かみ》の代官《だいくわん》受け取りて、万福寺《まんぷくじ》(8)と申《まうす》小院《せういん》に宿《しゆく》せさせたり。この寺の有様、後《うしろ》には巌松《がんしよう》むら立《だ》つ(9)て、来ぬ秋誘ふ山風の、庭の木末《こずゑ》に音づれて、陰《かげ》は涼しき遣り水の、苔を伝いて岩垣の、露も雫《しづく》も滑らかにて、まことに星霜《せいざう》古りける有様也。御本尊は薬師の霊仏にてわたらせ給《たまふ》よし、主《あるじ》の御僧の仰せられしほどに、いとゞ有難き心地して、

【下歌《さげうた》(10)】我《が》之《し》名号の春の花、十悪の里までも匂ひをなし、衆病《しゆびやう》〔悉除《しつじよ》〕(11)の秋の月、五濁《ごぢよく》の水の宿《やど》るなる、誓ひの陰もあらたにて、庭の遣《や》り水の、月にも澄むは心也。

【上《あげ》(12)】しばし身を、奥津城処《おくつきどころ》(13)こゝながら、〈(おきつき…)〉月は都の雲居(14)ぞと、思ひ慰む斗《ばかり》こそ、老の寝覚の便りなれ。げにや罪なくて、配処の月を見る事は、古人の望みなるものを、身にも心のあるやらん、〈(みにも…)〉。

(1) 笠かり　「笠取」の誤写か。／(2) 山はいかでか紅葉しぬらん　「雨降れど露も洩らじを笠取の山はいかでかもみぢそめけん」(『古今集』巻五秋歌下二六一、在原元方)を踏まえる。

／(3) 思ひ染め　思いはじめる。／(4) 長谷　畑野町の地名。長谷寺が現存する。／(5) ねんごろ　心をこめたようす。／(6) 雑太の郡　佐渡の旧郡名。／(7) 新保　今の金井町新保付近。／(8) 万福寺　現存しない。／(9) むら立て　群れをなして立つ。／(10) 下歌　拍子短い謡。中音に始まり下音で終わる。／(11) 我之名号……衆病〔悉除〕　薬師仏十二誓願の第七に「我之名号一経二其耳一、衆病悉除身心安楽……」を踏まえる。／(12) 上　上歌。／(13) 奥津城処　墓所。／(14) 雲居　雲のある所。皇居。宮中。

配処

「その夜は大田浦に留《と》まり、海人《あま》の庵《いおり》に寝て、翌朝山路を登り、笠取峠に着いて馬を休めた。此処《ここ》は都でも聞いていた名所で、山はどのように紅葉することであろうかと、夏山の楓《かえで》の病葉《わくらば》(病気などで枯れた葉)さえも趣きあるさまに思われた。そのまま山路を下ると、長谷観音の霊地があった。故郷でも伝え聞いていた名高い菩薩なので、心を込めて礼拝し、その夜雑太郡新保《そうたのこおりしんぼ》に着いた。守護代が受けとって、万福寺という小さな寺に宿らされた。この寺は、後《うし》ろに岩の上に松が群れをなして生え、やがて来る秋を誘う山風が庭の木立の梢《こずえ》を鳴らし、日陰《ひかげ》は涼しく、遣り水が苔を伝って垣根のように連なって、まことに歳月を重ねた趣きである。御本尊は薬師如来におわします、と寺主の僧が話されたので、いっそ

う尊く思われて、
〽我が名号を称する声は、春の花のように、十悪の里にまでつややかに美しく映《は》え、もろもろの病苦を除くはたらきは、秋の月のように、五濁（劫濁・見濁・煩悩濁・衆生濁・寿命濁）の水に宿るとの誓願の光も真新しく、庭の遣り水に映《はえ》る月にも心が澄むことだ。
〽しばらく身を置くところであり、我が墓処は此処《ここ》であるけれども、月は都の宮廷の月に変らないと気をまぎらすことだけが老いの寝覚めのよりどころである。罪なくして配処の月を見ることは古人の願望であるのだが、この境涯に置かれた己れにもその思いはあるのであろうか。

時鳥《ほととぎす》

【只《ただ》こと葉】さて西の方《かた》を見れば、入海(1)の浪白砂雪を帯びて、みな白妙《しろたへ》に見えたる中に、松林一むら見えて、まことに春六月の気色なるべし。この内に〔社頭《しやとう》〕(2)まします、八幡宮〔勧請《くわんじやう》〕(3)の霊祠《れいし》也、されば所をも八幡《やはた》(4)と申。敬信のために参詣せしに、爰《ここ》に不思議なる事あり。都にては待ち聞きし時鳥、この国にては山路は申《まうす》にをよばず、かりそめの宿の木末、〔軒《のき》〕の松が枝までも、耳かしましきほどなるが、この社《やしろ》にてはさらに鳴く事なし。これはいかにと尋ねしに、宮人《みやびと》申やう、これはいにしへ為兼《ためかね》の卿《きやう》(5)の御配処也、ある時ほととぎすの鳴くを聞き給て、鳴けば聞く、聞けば都の恋しきに、この里過ぎよ山ほととぎす(6)と詠ませ給しより、音を止めてさらに鳴く事なしと申。げにや花に鳴く鶯《うぐひす》、水に住む蛙《かはづ》まで、歌を詠む事(7)まことなれば、ほとゝぎすも同じ鳥類にて、などか心のなかるべきと覚えたり。

【上歌《あげ》ふ】落花清く降りて、郭公《くわつこう》はじめて鳴き、名月秋を送りては、松下《せうか》に雪を見る(8)と、古き詩にも見えたれば、折を得たりや時の鳥、都鳥にも聞くなれば、声もなつかしほととぎす、たゞ鳴けや〳〵(なけ)老の身、われにも(9)故郷を泣くものを、〳〵(われにも…)。

(1) 入海　真野湾。／(2) 社頭　社殿の付近。社殿の前。／(3) 勧請　神・仏の霊を離れた所に移し、祀ること。／(4) 八幡　佐和田町八幡。八幡宮が現存する。／(5) 為兼の卿　京極為兼。『玉葉集』の撰者。／(6) 鳴けば……山ほととぎす　為兼の家集等には見えない。／(7) 花に鳴く鶯……歌を詠む事　「花に鳴く鶯、水に住む蛙の声を聞けば、生きとし生けるものいづれか歌を詠まざりける」(『古今集』仮名序)を踏まえる。／(8) 落花清く……雪を見る　典拠不明。／(9) われにも　「に」は衍字か。

時鳥

「西を眺めると、真野《まの》湾の白砂に寄せる波が白いなかに松林が群がっていて、春六月の情景である。八幡神を勧請し祀った社殿があって、ところの名を八幡という。敬い信じて参詣したところ、不思議なことがあった。都では待ち望んで聞く時鳥《ほととぎす》の鳴き声が、この島では山路はいうまでもなく、仮りの宿の軒先《のきさき》の松の梢《こずえ》でもやかましいほどなのだが、この神社では全く鳴かない。これはどういうことかと尋ねると、宮人がいうには、此処《ここ》は昔京極為兼《ごくためかね》卿の御配処であった。或る時時鳥が鳴くのを聞かれて、「鳴けば聞く、聞けば都の恋しきに、この里過ぎよ山時鳥《やまほととぎす》」と詠まれてから、鳴き声を止《とど》めて全く鳴かないとのことであった。花に鳴く鶯《うぐいす》、水に住む蛙《かわず》まで歌を詠むのだから、同じ鳥類である時鳥にどうして心の無いことがあろうか、と思われたことである。

〽花がすっきり美しく散り落ち、時鳥が鳴き始め、名月の光が秋を送り、松の根元に雪が積もると古い詩にも詠まれていて、時節が来て鳴く時鳥よ。都でも聞くので、鳴き声の慕わしい時鳥よ。ひたすら鳴けよ。老いの身の己れも故郷を恋うて泣いているのだから。

泉《いづみ》(1)

【只《ただ》こと葉】又西の山本を見れば、人家甍《いらか》を並べ都と見ゑたり、泉《いづみ》と申ところなり。これはいにしへ順徳院(2)の御配処也。しかれば御製にも、限りあれば萱《かや》が軒端の月も見つ、知らぬは人の行末の空(3)。げにや十善万乗《じゅうぜんばんぜう》の御聖体(4)、さしも余薫の御蔭《みかげ》とて、その名も高き山桜、梢の花と栄えん、雲居の春ののどけさも、いまさもして天離《あまざか》る(5)、鄙《ひな》の長路の御住まひ、思ひやられていたわしや。所は萱が軒端の草、忍《しのぶ》の簾《すだれ》絶え〳〵《だえ》也。

【下《さげ》歌ふ】夕立落つる庭たづみ(6)、これもや泉なるらん。

【上《あげ》】下くぐる、水に秋こそ通ふらし、〳〵《みづに…》、結ぶ泉の、手さへ涼しき折々に(7)、御衣《ぎょい》の〔袂〕や萎《しほ》れけん。げにや人ならぬ、岩木もさらに悲しきは、美豆《みつ》の小島の秋の夕暮と(8)、詠めさせ給しも、御身の上《うへ》となりにけり。

【下《さげ》】樒《しきみ》摘む、山路の露に濡れにけり、暁起きの墨染〔の〕(9)、袖も同じ苔筵《こけむしろ》の、たれぞ錦の、御褥《おんしとね》ならんいたわしや。

【上《あげ》】薪こる、遠山人《とをやまびと》は帰る也、里まで送れ、秋の三日月(10)も雲の端に、光の陰《かげ》の憂き世をば、君とても逃《のが》れ給はめや。さて〔こそ〕(11)言ふならく、奈落《ならく》の底に入ぬれば、刹利《せつり》も首陀《しゅだ》も、変らざりける(12)となり。げにや蓮葉《はちすば》の、濁りに染ま〔ぬ〕、心もて(13)、泉の水も君すまば、涼しき道となりぬべし、〳〵《（すずしき…）》。

（1）泉　金井町泉。新保の西方約三キロ。／（2）順徳院　承久三年（一二二一）に配流。仁治三年（一二四二）配処で死没。／（3）限りあれば（身の栄華にも限りがあるもので）……行末の空（『後鳥羽院御百首』）。隠岐の配処での後鳥羽院の和歌。／（4）十善万乗の御聖体　十善の果報を得て生まれ、万乗の兵力を持つ天子の身。／（5）さもして「さもなくて」の誤写か。／（6）庭たづみ　雨が降って地上にたまり流れる水。／（7）下くぐる……手さへ涼しき「下くぐる水に秋こそ通ふらしむすぶ泉の手さへ涼しき」（『新千載集』巻三、三〇二、中務）に拠る。／（8）人ならぬ……秋の夕暮「人ならぬ岩木もさらに悲しきは美豆の小島（山城の地名）の秋の夕暮」（『続古今集』巻一七、一五八六、順徳院）に拠る。／（9）樒摘む……墨染の袖「樒摘む山路の露に濡れにけり暁起きの墨染の袖」（『新古今集』巻一七、一六六四、小侍従）に拠る。／（10）薪こる……秋の三日月「爪木こる遠山人は帰るなり里まで送れ秋の三日月」（『玉葉集』巻五、六三六、順徳院）に拠る。／（11）こそ「事」を改めた。／（12）言ふならく……変らざりける「いふならくならくの底に入りぬれば刹利（古代インドの貴族・武士階級）も首陀（古代インドの奴隷階級）も変らざりけり」（『沙石集』巻八、高岳親王）を踏まえる。／（13）蓮葉の濁りに染ま〔ぬ〕心もて「ぬ」は「の」を改めた。「蓮葉の濁りに染《し》まぬ心もて何かは露を珠とあざむく」（『古今集』巻三夏歌一六五、僧正遍照）を踏まえる。

泉

「また西の山の麓を眺めると、人家が棟《むね》を並べていて宮殿があった処《ところ》と見える。泉という処で、その昔順徳天皇の配処であった。それゆえ「限りあれば萱《かや》が軒端《のきば》の月も見つ、知らぬは人の行末《ゆくすえ》の空（『後鳥羽院御百首』。栄華には限りがあり、萱葺きの家の軒端の月を見ている。人の行末はわからないものだ）」という御歌も残っている。十善の果報を得て、万乗の武士を持った天皇の、あれほどの功労の報いとしての、その名も高い山桜の梢の花と栄えた宮廷の春ののどけさが失せ、都を遠く離れて住まわれたありさまが、思いやられて心が傷《いた》むことである。萱葺きの家の軒端の忍草《しのぶぐさ》の簾《すだれ》もきれぎれである。

〽夕立が降り、流れ溜まる水、これも泉であるのか。

〽手の下を潜《くぐ》る水に秋が通うのであろうか。泉を汲む手までも涼しい折々に、御衣《おんぞ》の袂《たもと》が涙で濡れしょぼたれたであろうことよ。「人ならぬ岩木もさらに悲しきは、美豆《みつ》の小島の秋の夕暮（順徳天皇。人だけでなく岩木もますます悲しいのは美豆の小島の秋の夕暮であるよ）」と詠まれたことが御自身のさまとなられたことよ。

〽まだ暗い夜明け前に起き、樒《しきみ》の花を摘む山路の露に濡れる墨染の袖と同じである粗末な筵《むしろ》を錦《にしき》の敷物として眠っておられるのはどなたであろうか。お気の毒な。

〽薪を伐り出す遠くの山人が帰るところだ。里まで送れ、秋の三日月よ。と詠まれたが、月の光も雲に隠れる憂き世の中を、順徳天皇さえお遁《のが》れになることはできなかった。仏典の説くところでは、地獄に落ちたならば身分の高い国王も奴隷と変るところがないとのことである。泉の配処でも、順徳天皇は日々を心安く過ごされたことであろう。

十社《じっしゃ》

【只《ただ》こと葉】かくて(1)国に戦《いくさ》をこりて国中《こくちう》おだやかならず、配処も合戦《かせん》の巷《ちまた》になりしかば、在所を変へて今の泉といふ所に宿《しゆく》す。さるほどに秋去り冬暮れて、永享七年の春にもなりぬ。爰は当国《たうごく》十社の神まします、敬神のために一曲を法楽《ほうらく》(2)す。

【さしごと】(3)それ人は天下《てんが》の神物《じんもつ》(4)たり、宜禰《きね》(5)が慣らはしによりて(6)威光を増し、五衰の眠り(7)を無上正覚(8)の月に覚まし、衆生らも息災延命と(9)、守らせ給御誓ひ、げに有難き御影《みかげ》かな。

(下《さげ》)神のまに〳〵(10)詣《まう》で来て、歩みを運ぶ宮廻《まわ》り。

(上《あげ》)げにや和光同塵《わくわうどうぢん》(11)は、(げにや…)〳〵、結縁《けちえん》(12)の御初め、八相成道《はつさうじやうだう》(13)は、利物《りもつ》(14)の終りなるべしや。

〔まこと〕秋津洲《あきつす》のうちこそ、御代の光や玉垣の、国豊かにて久年《きうねん》を、楽む民の時代とて、げに九《ここのへ》(15)の春久《ひさ》に、十《とを》の社《やしろ》は曇りなや、〱《(とをの…)》。

(1) かくて　それから。／(2) 法楽　神・仏の前で、奏楽・歌舞を修すること。／(3) さしごと　拍子に合わず流れるように謡う部分。／(4) 神物　神・仏事に携わる存在。／(5) 宜禰　神に仕える人。神官。／(6) 慣らはし　しきたり。習俗。／(7) 五衰の限り　天人の寿命は千万年と長いが、五衰の現れる時は一時の眠りにひとしい、の意。／(8) 無上正覚　最上の悟り。仏の絶対知。／(9) 息災延命　無事で長く生きること。／(10) まに〱　神・仏の意思に従って。／(11) 和光同塵　仏・菩薩が威光をやわらげ世の中に別の姿となって現れて衆生を救うこと。／(12) 結縁　仏道修行の道に入り成仏の因縁を結ぶこと。／(13) 八相成道　釈迦が生きとし生けるものを救うために示した八種の相。降兜率《ごうとそつ》・託胎・降誕・出家・降魔《ごうま》・成道・転法輪《てんぼうりん》・入滅。／(14) 利物　生きとし生けるものに利益《りやく》を与えること。「物」は衆生を指す。／(15) 九《ここのへ》　皇居。都。

十社

「戦乱が起きて越後国中が穏やかでなく、新保も合戦の場になり、住処《すみか》が変えられて泉が己れの宿処になった。秋が過ぎ、冬が暮れて永享七年（一四三五）の春になった。此処《ここ》には越後十社の神が祀られている。神を敬信して小謡一曲を修した。

〽人々は神・仏の加護によって生きている。神官の作為によって神・仏は威光を増し、天上の楽しみが五衰となる人々を無上正覚の境涯に引き上げ、生きとし生けるものを息災延命に守らせられる御誓いは、ありがたい恩顧である。

〽仏・神の意思に従って参詣し、社殿をめぐり参拝する。

〽和光同塵（仏が俗世に姿を変えて現れ生きとし生けるものを救うこと）は成仏の縁の端初であり、八相成道（釈迦仏が生きとし生けるものを救うために示した八種の相）は、生きとし生けるものへの福利の究極である。

〽日本国は治世の威光の神域で、国土は豊かで、長久の年月を楽しむ時世で、都の春が久しく、十社は明らかで、公正であることよ。

北山《ほくさん》

【只《ただ》こと葉】かくて古き人に会いて(1)、当国の神秘けいかい尋ねおくりなり(2)。(3)

【上う】(4)抑《そもそも》わが朝秋津洲《しま》と申は、粟散辺土の小国(5)なりと申せども、天地開闢《あめつちかいびやく》の国にして、天照大神《あまてるおおんがみ》の御末、正しく日統《とう》をいたゞく事今に絶えせず。

【さし事】(6)しかれば国の名を問へば、神道において様々《さまざま》也、まづ大日本国《こく》〔とは〕、青海原の海底に、大日《だいにち》の金文《きんもん》(7)現はれ給しより、後代に名付けし国とかや。しばらくこれを惟《おもんみ》れば、その品々も一ならぬ、八島の浪のよりよりに、粗々《あらあら》語り申べし。

【曲舞】(8)その初めを惟《おもんみ》れば、天祖《てんそ》(9)の御譲り、天《あま》の浮橋より、光さしをろす矛《ほこ》まの、国(10)の淡路を初めとして、あれは南海、これは北海の佐渡の島、胎金《たいこん》両部(11)を具《そな》へて、南北に浮かむ。海上《かいしやう》の、四涯《がい》を〔守る〕七葉《よふ》の、金《こがね》の蓮《はちす》の上よりも、浮かみ出で立つ国として、神の父母とも、この〔両島〕を云とかや。されば北野《ほくや》(12)の御製にも、かの海に、金《こがね》の島のあるなるを、その名と問へば佐渡と云也、(13)この御神詠もあらたにて、妙《たへ》なる国の名も久し。【上う】(14)しかれば伊奘諾《いざなき》・伊奘冊《いざなみ》の、その神の代の今ことに、御影《みかげ》(15)を分《わけ》て伊奘諾は、熊野の権現(16)とあらはれ、南山の雲(17)に種蒔きて、国家を治め給へば、伊奘冊は、白山権現と示現《じげん》(18)し、北海に種を収《おさ》(19)めつゝ、菩提涅槃の月影、この佐渡の国や北山《ほくさん》、毎月毎日の影向《やうがう》(20)も、今に絶ゑせねば、国土豊かに民厚き、雲の白山も伊奘冊も、治まる佐渡の海とかや。【下】(21)抑《そもそも》かゝる霊《れい》国《こく》、かりそめながら身を置くも、いつの他生の縁(22)ならん。〔よしや我〕(23)雲水の、すむにまかせてそのまゝに、衆生諸仏も相犯《あいをか》さず、山はをのづから高く、海はをのづから深し、〔語り〕(24)尽くす、山雲海月の心、あら面白や佐渡の海、満目青山、なををのづから、その名を問へば佐渡といふ、金《こがね》の島ぞ妙《たへ》なる。

(1) かくて　それから。／(2) けいかい　「たいがい」の誤写か。／(3) おくりなり　「おくなり」の誤写か。／(4) 上う　「上」は「アゲハ（旋律が上音中心に変わる部分）」の誤写か。／(5) 粟散辺土　辺土にある粟粒を散らしたような小国。／(6) さし事　拍子に合わず流れるように謡う部分。／(7) 大日の金文　大日如来を象徴する金色の経文。／(8) 曲舞　曲舞の節を取り入れた長文の謡。／(9) 天祖　国常立尊《くにのとこたちのみこと》。／(10) 矛まの、国　日本の異称。／(11) 胎金両部　密教の胎蔵界と金剛界。／(12) 北野　北野天神、菅原道真。／(13) かの海に……佐渡と云也　出典不明。／(14) 上う　「上」は「アゲハ（旋律が上音中心に変わる部分）」の誤写か。／(15) 影　光によって見える物や人の形や姿。／(16) 熊野の権現　伊奘諾の垂迹。／(17) 南山　熊野山。／(18) 白山権現　伊奘冊の垂迹。／(19) 種蒔きて……種を収め　「伊奘諾と書いては種まくと読み、伊奘冊と書いては種を収む、これ目前の御誓ひなり」（能『淡路』）。／(20) 影向　神・仏が具体的な姿をとって現れること。／(21) 下　二段グセの後半か。／(22) 他生の縁　幾度も生まれ替る間に結ばれた因縁。／(23) よしや　「うしや」を改めた。／(24) 語り　「か丶り」を改めた。

北山

「古老に遇い、日本国の神秘のおおよそを問い尋ねた。

〽秋津島は、粟粒を散らしたような辺土であるといわれているが、天地の始まりの国であって、今にいたるまで天照大神の子孫が絶えることなく、正しく日の神の系譜を受け継いでいる。

〽名の由来を尋ねると、神道では様々にある。まず大日本国とは、仏の口から出た大日如来を象徴する言葉をしるした金色の文書が海底から出現した出来事に基づいて、後代に付けられた名であるとのことである。しばらくこの名をめぐって思いはかり、それぞれに異なる八島に寄せる波に沿ってざっと語るとしよう。

〽その端初は、国常立尊《くにのとこたちのみこと》の御譲りを受けて、天の浮橋《うきはし》から光がさし降され、あれは南海の淡路島、これは北海の佐渡島として、胎蔵界と金剛界とが南と北に浮かび出た。海の四方を護る七葉の黄金《こがね》の蓮葉の上に浮かび出た国として、この二つの島を神の父と母という。北野天神（菅原道真）の御製にも、それゆえに黄金《こがね》の島があり、その名を問うと佐渡という、と詠われている。御神詠から明らかなように、神秘なまでに霊験あらたかな国であることが旧くから馴染まれている。

〽伊奘諾《いざなき》・伊奘冊《いざなみ》が神代から今の代までとりわけ庇護なされ、伊奘諾は熊野権現と現れ、南山（熊野山）の雲に種を蒔いて国を治められ、伊奘冊は白山権現と示現して北海に種を収穫し、煩悩を絶ち涅槃の月の光となって、この佐渡の北山（白山）に毎月毎日具現して、国土は豊穣に、民は富むべく国をお治めになっている。まま〳〵はかり知れないほど優れた国に身を置くことは何時《いつ》の過去生の因縁であろうか。ままよ、流離する隠遁者である己れはこの境涯に身を委ね、生きとし生けるものを傷つけることなく、神・仏にそむくことなく心静かに暮らそう。山はあるがままに高く、海はあるがままに深い。山にかかる雲、海に映える月の光は極まらない。海よ。山よ。名を尋ねずにいられない。神秘の黄金《こがね》の島よ。霊験あらたかな佐渡よ。

（薪《たきぎ》の神事（1））

（さし事（2））夫《それ》治まれる代の声は安《やす》んじて以《も》て楽しめり、これまことにその政事《まつりごと》やはらげば也。天地を動かし鬼神を感ぜしむ（3）。

（曲舞（4））二月《きさらぎ》の、初申《はつさる》なれや春日山、峰響《とよ》むまで、いたゞきまつると（5）詠ぜしは、げにも故《ゆへ》ある道とかや。国安楽の神慮也。又二月や、雪間を（分《わ》けし）春日野の、置く霜月も神祭の（6）、今に絶えせぬは、しかれば小《を》忌衣《みごろも》（7）、二月《きさらぎ》第二の日（8）、この宮寺《みやでら》（9）に参勤し、（翁《おきな》（10））の歌をうたふも、さぞ御納受《なうじゅ》はあるらん。【上《あげ》】しかれば興福寺《こうふくじ》の、西金《さいこん》・東金《とうこん》（11）の、両堂の法事にも、まづ遊楽《ゆふがく》の舞歌(12)をととのへ、万歳《ばんぜい》を祈り奉り、国富み民も豊かなる、春を迎へて年を積む、薪《たきぎ》の神事これなりや、されば北野《きたの》の天神も、名は大唐に留《とど》まり、会《ゑ》は興福に納まる(13)との、御願文もあらたにて、十二大会《だいゑ》(14)の初めにも、この遊楽をなす事の、当代の今に至るまで、目前あらたなる、神道の末ぞ久しき。

これを見ん残す金《こがね》(15)の島千鳥跡も朽ちせぬ世々のしるしに

永享八年二月日　　沙弥《しやみ》善芳《ぜんほう》(16)

(1) 薪の神事　仮題。底本に従う。／(2) さし事　底本に従い補う。／(3) 治まれる代の声は……鬼神を感ぜしむ　「治《をさまれる》世之音《よのこゑは》安《やすんじて》以《もて》楽《たのしめり》。其政《そのまつりごと》和《やはらげばなり》。……動二天地一《てんちをうごかし》、感二鬼神一《きしんをかんぜしむ》」(『毛詩』大序)に拠る。／(4) 曲舞　底本に従い補う。曲舞の節を取り入れた謡。／(5) 二月《きさらぎ》の……いたゞきまつる　「きさらぎの初申なれや春日山峰響《とよ》むまでいたゞきまつる」(『散木《さんぼく》奇歌集』巻六・神祇、源俊頼)。／(6) 二月や……神祭　「分けし」(「にけし」を改める)「きさらぎや雪間を分けし春日野の置く霜月も神まつるなり」(『新葉集』巻九・五九四、後村上天皇)に拠る。／(7) 小忌衣　大嘗会などの祭祀に官人が装束の上に着る衣。二月の枕詞。／(8) 二月第二の日　薪猿楽は二月二日に始まる。／(9) 宮寺　興福寺。／(10)(翁)　推測で補った。／(11) 西金東金　興福寺の西金堂、東金堂で二月一日から始まる修二会。／(12) 遊楽の舞歌　猿楽能の謡や舞。／(13) 北野の天神も……会は興福に納まる　「北野天神の御詩にも、名聞二三国一、会留二興福一、朝之為レ朝、蓋是会力と作らせ給ひけるとなり」（一条兼良『公事根源』十一月興福寺維摩会）に拠る。／(14) 十二大会　興福寺・春日神社の主要な法会。／(15) 金の島　佐渡の別名。／(16) 沙弥善芳　「沙弥」は仏門に入って間もない修行未熟な隠遁者。「善芳」は世阿弥の法名。

［薪の神事］

〽穏やかに治まった世の民の声は満ち足りて安らいでいる。為政は和《なご》やかでとげとげしさがない。天地のはたらきは治まれる世に応じ、鬼神は感じ動く。

〽「二月《きさらぎ》の初申《はつさる》なれや　春日山峰響《みねとよ》むまでいたゞきまつる（源俊頼。二月初申の祀りよ。春日山の峰が鳴り響くほどに供物を献上し、敬《うやま》い捧げまつる）」と詠まれた由緒ある祀りよ。「二月《きさらぎ》や　雲間を分けし春日野の置く霜月も神祀るなり（後村上天皇。二月や、降り積もった雪の消え間の春日野〈春の日の野〉に霜が降りても、祀りが絶えないのは、国土が安穏豊穣であるように、との神の御意思である）」と詠まれてもいる。二月二日興福寺・春日神社に参勤し、『翁』の曲を謡うことを御聞き入れなさるであろう。

〽興福寺の西金堂・東金堂の修二会でも、まず猿楽の謡や舞を修し、限りなく安穏に続く世の中を祈りたてまつり、国土が富み、民も豊かな春を迎えて、歳を重ねる薪《たきぎ》を焚く神・仏事とはこれをさすのだ。北野天神の、名は唐土に聞こえ、法会は興福寺に留《とど》まらん、という願文の霊験もあらたかに、十二大会の初めに猿楽の謡や舞を修することが、事新しく現前している。神道の行く末が長久でありますように。

「これを見ん残す金《こがね》の島千鳥跡も朽《く》ちせぬ世々のしるしに（黄金の島である佐渡における己れの筆のすさみを後世の朽ちることのないよすがと見てくれるであろうか）」

永享八年（一四三六）　沙弥（隠遁者）善芳（世阿弥の法名）

略系図

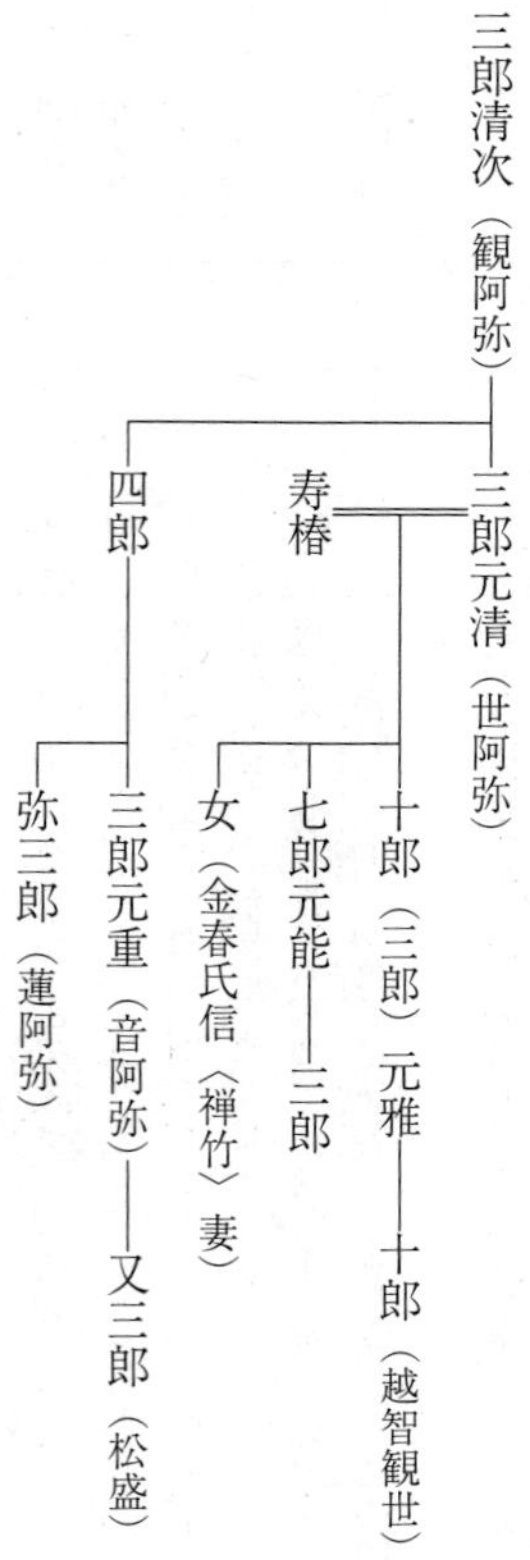
三郎清次（観阿弥）
三郎元清（世阿弥）
寿椿
十郎（三郎）元雅
十郎（越智観世）
七郎元能
三郎
女（金春氏信〈禅竹〉妻）
四郎
三郎元重（音阿弥）
又三郎（松盛）
弥三郎（蓮阿弥）

略年表

年次	西暦	年齢	事跡
正慶二	一三三三		観阿弥（三郎清次）生まる。鎌倉幕府滅亡。
文和四	一三五五		京都今熊野神社六月会に田楽・猿楽会あり。佐々木道誉（50）ら見物す。
延文三	一三五八		足利義満生まる。足利尊氏没（54）。
貞治二	一三六三	1	世阿弥生まる。幼名は鬼夜叉《おにやしゃ》。観阿弥（31）。
応安元	一三六八	5	足利義満（11）三代将軍となる。
応安七	一三七四	12	観阿弥（42）今熊野神社で『翁』を舞う。鬼夜叉参加。義満（17）見物し、観阿弥父子に魅せられる。鬼夜叉、春日神社若宮会で田楽新座の亀阿弥《きあみ》の芸に接する。
永和二	一三七六	14	二条良基《よしもと》（56）鬼夜叉に藤若《ふじわか》の名を与える。この頃『増鏡』成立か。
〃　四	一三七八	16	義満祇園祭の鉾見物の桟敷に藤若を同席させ盃を与える。三条公《きん》忠《ただ》、猿楽を「乞食《こつじき》の所行」と卑しむ。
永徳元年	一三八一	19	海老《えび》名南《なのな》阿弥《あみ》没。

至徳元	一三八四	22	藤若この年までに元服、観世三郎元清と名のる。五月十九日観阿弥駿河《するが》で没する（52）。元清観世座の大夫となる。
至徳三	一三八六	24	足利義持《よしもち》生まる。
嘉慶二年	一三八八	26	二条良基没（69）。
応永元	一三九四	32	春日神社一乗院で猿楽。義満臨席。義満将軍職を義持（9）に譲り、翌年出家（38）。足利義教《よしのり》生まる。
応永五	一三九八	36	三郎元重（音阿弥）生まる。金閣寺建立。
応永六	一三九九	37	醍醐三宝院で猿楽。義満臨席。京都一条竹ヶ鼻で三日間の勧進猿楽興行。義満見物。
応永七	一四〇〇	38	『風姿花伝』第三まで成る。
〃　九	一四〇二	40	『風姿花伝』第五成る。今川貞世『難太平記』成立。
〃　一二	一四〇五	43	金春氏信（禅竹）生まる。
〃　一五	一四〇八	46	後小松天皇世阿弥の猿楽天覧。義満没（51）。四代将軍義持は、田楽新座増阿弥を好んだ。
〃　一九	一四一二	50	伏見稲荷社で神託により猿楽十番を修する。
〃　二〇	一四一三	51	京都北野七本松で七日間の勧進猿楽興行。近江猿楽犬王道阿弥没。
〃　二一	一四一四	52	能本『難波』手写。以後、正長二年（一四二九）まで十番の手写能本が現存している。

〃 二五	一四一八	56	『花習』『風姿花伝』第七、『音曲声出口伝』成る。
〃 二七	一四二〇	58	『至花道』成る。
〃 二八	一四二一	59	『二曲三体人形図』成る。
〃 二九	一四二二	60	この頃出家。法名至翁善芳。元雅観世座の大夫となる。
〃 三〇	一四二三	61	『三道』を元能に相伝する。『曲付次第』『風曲集』成る。
〃 三一	一四二四	62	醍醐寺清滝宮楽頭職《がくとうしょく》に補される。『遊楽習道風息』『五位』『九位』この頃成るか。『花鏡』成る。
〃 三五	一四二八	66	義持没(43)。『六義』『拾玉得花』を金春氏信(禅竹)(24)に相伝する。『五音曲条々』『五音』この頃成るか。
正長二	一四二九	67	六代将軍義教《よしのり》(36)は三郎元重音阿弥を寵愛し、後村上院御所での、世阿弥、元雅の猿楽興行を禁止する。
永享二	一四三〇	68	『習道書』成る。義教の命により、醍醐寺清滝宮楽頭職を元重に奪われる。 元能『世子六十以後申楽談儀』を述作し出家。元雅大和天河《てんのかわ》弁財天社に参詣し助面《じょうめん》を奉納する。
〃 四	一四三二	70	正月世阿弥、元雅将軍邸で猿楽。八月元雅(四十歳未満)伊勢安《あ》濃津《のつ》で急死。『夢跡一紙』成る。
〃 五	一四三三	71	『却来華《きゃくらいか》』成る。

〃六	一四三四	72	佐渡へ流さる。都を出て、若狭の小浜を経て新保に至る。
〃八	一四三六	74	『金島書』成る。
嘉吉元	一四四一	79	義教暗殺さる（48）。
〃二	一四四二	80	この頃許されて帰洛か。
〃三	一四四三	81	この年か（?）八月八日没。

参考文献（『風姿花伝』の注解にあたって参考とした主な著作である）

野上豊一郎・西尾実校　『風姿花伝』　岩波文庫　一九五八年
小西甚一編訳　『世阿弥集』　日本の思想8　筑摩書房　一九七〇年
表章・加藤周一　『世阿弥・禅竹』　日本思想大系24　岩波書店　一九七四年
田中裕　『世阿弥芸術論集』　新潮日本古典集成　一九七六年
金井清光著　『風姿花伝詳解』　明治書院　一九八三年
表章ほか　『連歌論集・能楽論集・俳論集』　新編日本古典文学全集38　小学館　二〇〇一年
竹本幹夫訳注　『風姿花伝・三道』　角川ソフィア文庫　二〇〇九年
市村宏全訳注　『風姿花伝』　講談社学術文庫　二〇一一年

解説

佐藤正英

㈠

『風姿花伝』は、一子相伝の書として遺《のこ》され、観世家・金春家などに長い間秘匿されていた。しかし、明治四十二年（一九〇九）吉田東伍『世阿弥十六部集』に収録されて、はじめて世に知られ、解読されるようになった。本書は、日本倫理思想史の立場からする注釈の試みである。

『風姿花伝』は、猿楽を論じた世阿弥（一三六三―一四四三？）の述作で、［序］および七篇の本論から成る。

成立は、現存の写本の奥書によれば、世阿弥三十八歳の応永七年（一四〇〇）から五十六歳の応永二十五年（一四一八）までの十八年の長きにわたっている。当初から全体が構想されていたのではなく、本文は増補改訂された形態であると推定されている。だが、現存する本文の多様さも絡んで、増補改訂の経緯《いきさつ》は明らかでない。

［序］は、猿楽――世阿弥は「申楽」と表記しているが、本書では『風姿花伝』の本文以外では通行の表記に従っている――の始源が我が国の神代および天竺における遊宴であることから説き起こし、猿楽が神・仏の祭祀としての神・仏事であることを明らかにする。

猿楽は、式三番と猿楽能から成る。猿楽の核である猿楽能は、人々が神・仏に出遇った出来事を神・仏事として再現する儀礼である。下層の神職者である猿楽の修者は、己れの所作を介して出来事を再現すべく猿楽を修する。

本論第一「年来稽古条々《ねんらいのけいこのでうでう》」では、七歳の稚児から五十歳を越えて年寄るまでの猿楽の修者の猿楽能の習い学びのありかたがとりあげられる。

修者は神・仏との出遇いの出来事におけるさまざまな人々の振舞をなぞる。本論第二「物学条々《ものまねのでうでう》」では、女人、老人、物狂、修羅、鬼などの姿態を似せる物まねのありかたがとりあげられる。

再現された姿態は舞、しぐさ、音曲から成り観衆に体感される。観衆は姿態のあでやかさに魅せられ、「面白き」に動かされ、「花」が現出する。本論第三「問答条々《もんだふのでうでう》」は、一問一答の形式で「面白き」の体現をめぐるさまざまなありかたを説き明かす。

本論第四「神儀云《しんぎにいはく》」は、始源の遊宴から、聖徳太子による面の制作、秦河勝による六十六番の物まねを経て、式三番と猿楽能から成る猿楽の様式が確立され、大和、近江などの猿楽座が成立する経緯《いきさつ》がしるされる。

猿楽の成就は世の中に安穏・長寿をもたらす。大和猿楽能は、物まねの物数《ものかず》を尽くすことに重きを置くのが特長であるが、観衆の好みに応じて、近江猿楽能だけでなく、田楽《でんがく》能の舞や姿かたちをも採りいれなければならないと本論［第五］「奥儀云《あうぎにいはく》」は論ずる。

式三番に次《つ》いで初番に修される脇《わき》の猿楽能は、祝福やめでたさが織りこまれている本来の猿楽能である。広く知られた出来事に基づいていて、移りゆきがなだらかで、素直で、大様《おおよう》な猿楽能である。

舞、しぐさ、音曲の趣きのある移りゆきは文辞《ぶんじ》に即して修される。本論第六「花修云《くわしゆにいはく》」は、謡曲の作者は、そのことを踏まえて猿楽能の台本を書かねばならないと説く。

熟達した修者、優雅な文辞の謡曲、目利きの観衆、晴れやかで大規模な興行の場のそれぞれが相応して猿楽能は成就する。猿楽能の成就において「花」が現出する。

本論第七「別紙口伝《べつしのくでん》」では、「花」をめぐる論究の総括が試みられる。「花」は、神・仏に出遇う出来事に映現しているところの、十全に祀られた神・仏の表象である。観衆は、猿楽能において、神・仏の祭祀のなぞりを体感し、夢想に誘われ、神・仏の意識化された表象の再現である「花」に出遇う。「花」は、「面白き」、「珍しき」をもたらし、観衆を魅する。

（二）

『風姿花伝』の主題は、十全に祀られた神・仏に出遇う「花」をもたらすべく、どのように猿楽を修すべきかを明らかにすることである。

有限であることを免れず、無常を背負った修者は、生涯を通して「花」を体現すべく、物まね、舞、しぐさ、音曲をどのように習い学ぶべきか。猿楽能の台本である謡曲をどのように作るべきか。どのように猿楽を興行すべきかが論究される。

いずれも猿楽の成就の根幹に関わる論議である。『風姿花伝』以後も世阿弥は『花鏡』『三道』をはじめ、十七におよぶ伝書を述作しているが、『風姿花伝』における論究の展開あるいは補足であって論議の根幹に変動は見られない。

『風姿花伝』の論議の内実は、世阿弥が踏まえている先人からの伝承であり、子孫に手渡さるべき事柄であった。［補説］でも指摘したように、事柄を対象化するにあたって数多くの仏教語が用いられている。禅宗を中心とした仏教の教説をめぐる世阿弥の素養の豊かさが窺われる。

世阿弥は、猿楽をめぐる自身の見解を正面きって語ろうとはしなかった。伝承に向き合い、物まね、舞、しぐさ、音曲を修し、謡曲を作り、猿楽を成就すべく、自身すべてを賭して作為してやむことのなかった世阿弥のありようが、稀有な思想書である『風姿花伝』を生んだのであろう。

㈢

世阿弥は、観阿弥（一三三三―一三八四）の子として生まれた。幼名は鬼夜叉、藤若。通称が三郎、実名が元清で、秦氏《はだ》を称した。世阿弥は擬法名である。

世阿弥の曽祖父は、伊賀の服部氏で、のち大和に移った。祖父は、大和の多武峰近辺で活躍した山田猿楽の美濃大夫で、大和の磯城郡出合《しきぐんであい》に出合座を起こした。父の観阿弥は、その三男で、出合の西北方結崎《ゆうざき》に、結崎座（観世座）を起こした。結崎座は大和四座のなかで最後に出現した。

観阿弥は、旋律を主とする小歌節《こうたぶし》に、拍子を主とする曲舞節《くせまいぶし》を取り入れ、出来事を語り謡う謡曲である「大和音曲」を創出した。また、鬼の修を重んずる大和猿楽に、幽玄の修を重んずる近江猿楽を採りいれるなど猿楽の集大成を図った。近江猿楽の日吉座《ひえざ》の犬王道阿弥は、観阿弥に「出世の恩（義）」を感じ、観阿弥の命日の毎月十九日に、僧二人を請じ供養を欠かさなかったと伝えられる。

貞治二年（一三六三）観阿弥三十一歳の時、世阿弥が生まれた。

応安七年（一三七四）醍醐寺の僧が別当を勤めていた京都東山の今熊野《いまくまの》神社で、三代将軍足利義満（一三五八—一四〇八）の来臨を得て、隠遁者の海老名《えびな》の南阿弥《なあみ》の進言により、『翁』を修した。十二歳の世阿弥も参加した。十七歳の義満は、観阿弥、世阿弥の猿楽に魅かれた。

世阿弥は、東大寺尊勝院主経弁《きょうべん》の案内で、連歌撰集『菟玖波集《つくばしゅう》』の撰者であった前関白《さきのかんぱく》二条良基《よしもと》（一三二〇—八八）に謁し、藤若の名を賜り、「松が枝の藤の若葉に（のように）千年《ちとせ》までかかれ（懸かれ・かくあれ）とてこそ名づけそめしか」の和歌を贈られた。良基は、また、経弁宛ての消息文のなかで「顔だち、ふり風情《ふぜい》ほけほけ（ぼうっとしているさま）として、しかもけなりげ（普通とはどこか異なるさま）に候。かかる名童候べしとも覚えず候」と感嘆している。

永和四年（一三七八）、世阿弥は、義満の桟敷に召されて祇園祭の鉾《ほこ》を見物し、義満から盃を与えられた。前内大臣三条公忠《きんただ》は、このことを論難し、『後愚昧記《ごぐまいき》』で「如レ此散楽《このごときさるがく》者乞食《ものこつじき》の所行也」と慨嘆している。

田楽の京都白河本座の一忠は、鬼、神などの怒りの物まねの名人として知られていた。観阿弥は、平生、己れの所作の手本は一忠《いっちゅう》であると語っていた。

観阿弥は大男であったが、「女能などには細々となり（『申楽談儀』）」、『静が舞』や『嵯峨の大念仏の女物狂の物まね』は、無上の幽玄な姿かたちであった。『自然居士』で喝食《かつしき》鬘《かずら》（半僧半俗の髪の形）を着け、高座に上り、「それ一代の教法」と謡い始めた観阿弥の容姿は、十二、三歳かと見えた。義満は感動し、世阿弥に向かい「児《ちご》（世阿弥）は小股をかかうと思ふともここは叶ふまじき」と語った（『申楽談儀』）。観阿弥は、稚児の身なり、初心の所作、全盛期の振舞などの年々去来の「花」を当座に修する修者であった。観阿弥はまた、田舎、山里の辺鄙な場での興行では、観衆の好みに応えて、土地の習慣を大切にして猿楽を修した。

至徳元年（一三八四）五月四日観阿弥は駿河国浅間《せんげん》神社で猿楽を法施した。物まねの物数は初心者に譲り、控えめ控えめに修していたものの「花」はいっそうあでやかであったが、同月十九日五十二歳で死没した。

作詞・作曲を介して観阿弥が関わった猿楽能は、『淡路《あわじ》』『伏見《ふしみ》（金札《きんさつ》）』『布留《ふる》（廃曲）』『葛袴《くずのはかま》（廃曲）』『江口《えぐち》』『静《しずか》（吉野静《よしのしずか》）』『松風《まつかぜ》』『四位少将《しいのしょうしょう》（通小町《かよいこまち》）』『自然居士《じねんこじ》』『小町《こまち》（卒都婆小町《そとばこまち》）』『盲打《めくらうち》（廃曲）』『求塚《もとめづか》』の十二曲である。

元服し、観世三郎元清と名乗った世阿弥は、観世座の大夫となった。

(四)

応永元年（一三九四）興福寺常楽会に臨んだ義満は、宿所の一乗院で世阿弥の猿楽を見、将軍職を四代将軍義持《よしもち》（一三八六—一四二八）に譲った。応永六年（一三九九）醍醐三宝院で世阿弥猿楽の十番を見、京都一乗竹鼻（北野神社旧境内）で催された三日間の勧進能では世阿弥を後援した。だが義満は世阿弥のみならず、近江猿楽比叡座の犬王道阿弥《いぬわうどうあみ》や田楽奈良新座の亀阿弥《きあみ》をも好んだ。道阿弥の道は義満が己れの法名である道義の一字を与えたものである。犬王は情趣豊かな舞・歌に秀で、観衆を魅した。

応永七年（一四〇〇）、『風姿花伝』第一から第三までが成立した。世阿弥は三十八歳、猿楽の修の最盛期で、観阿弥の死没から十六年が経っていた。第七が成立し、『風姿花伝』が完成したのは、十八年後の応永二十五年（一四一八）世阿弥五十八歳の時である。

義満の後を継いだ義持は亀阿弥の後継者である田楽新座の増阿弥《ぞうあみ》を好んだ。田楽は簓《ささら》、腰鼓、笛などで田植を囃《はや》す神楽として生まれ、芸能化して田楽法師による田楽能を生んだ。初代将軍尊氏《たかうじ》、二代将軍義詮《よしあきら》など歴代の将軍も田楽を好んでいた。

世阿弥は『花習』『音曲声出口伝《おんぎよくこえだしくでん》』『至花道』『二曲三体人形図』『三道』『花鏡』『曲付《ふしづけ》

次第《しだい》』『風曲集《ふうきよくしゅう》』『遊楽習道風見《ゆうがくしゅうどうふうけん》』『五位』『九位』『六義』『拾玉得花』『五音』『五音曲条々』『習道書《しゅうどうしょ》』『却来華《きやくらいか》』の十八に及ぶ『風姿花伝』の補遺ともいうべき伝書を述作し、能本『難波』など十曲を手写した。

世阿弥は仏教をめぐって曹洞宗東福寺の岐陽方秀《きようほうしゅう》の指導を受けていたが、応永二十九年（一四二二）の頃、結崎にほど近い菩提所の十《と》市《いち》郡味間《あじま》邑《むら》の曹洞宗補巌寺《ふがんじ》で、第二代住持竹窓智巌《ちくそうちがん》について出家して法名至翁善芳《しおうぜんほう》となり、十郎元雅に観世大夫を譲った。作詞・作曲に世阿弥が関わった猿楽能は、『八幡《やわた》（弓八幡）』『相生《あいおい》（高砂）』『養老』『老松』『蟻通』『松風村雨』『百万』『実盛』『頼政』『清経』『敦盛』『恋重荷』など五十曲を越える。

応永三十一年（一四二四）世阿弥は醍醐寺清滝宮祭礼猿楽の楽頭職《がくとうしょく》に補任された。だが、義持の後を継いだ第六代将軍義教《よしのり》（一三九四―一四四一）は、三郎元重《もとしげ》音阿弥《おんあみ》を寵愛し、後村上御所での世阿弥、元雅の猿楽興行を禁じ、清滝宮楽頭職を元重音阿弥に与えた。元重は、世阿弥の弟である四郎の子で、世阿弥に認められて指導を受けた大和猿楽の修者であった。

永享二年（一四三〇）元雅の弟の七郎元能《もとよし》が、世阿弥の談話の聞書である『世子《ぜし》六十以後申楽談儀《さるがくだんぎ》』を残して猿楽を捨て出家した。

元雅は、義満が再建した吉野天川《てんのかわ》の弁財天社に法楽《ほうらく》の猿楽能『唐船《とうせん》』を修し、その時に舞った阿古父尉面《あこぶのじょうのめん》(現存する)を「心中所願成就円満」を祈念して寄進した。
永享四年(一四三二)八月一日元雅は、興行先の伊勢国安濃津《あのつ》で急死した。元雅は四十歳前で、その死は思いがけない出来事であった。九月世阿弥は『夢跡一紙』を書き残し、元雅の死を悼んだ。元雅は、熟達した猿楽能の修者で、祖父の観阿弥をも越えた才能の持主であった。観阿弥が大成し、世阿弥が相続した猿楽の道の奥義を書きしるした数多くの伝書が元雅に伝えられたが、すべて空しくなった。猿楽の道が滅びる事態に直面した歎き、悲しみが抑制された筆致でしるされている。元雅の非凡な才能を示す猿楽能に、『歌占《うたうら》』『隅田川《すみだがわ》』『盛久《もりひさ》』『弱法師《よろぼし》』『松《まつ》が崎《さき》』『吉野山《よしのやま》(吉野琴)』『高野《こうや》(節曲舞《ふしくせまい》)』がある。

永享六年(一四三四)七十三歳、世阿弥は佐渡へ流された。その事由は明らかでない。世阿弥は佐渡で、佐渡流離を謡った小謡舞曲集『金島書』を述作した。『金島書』は、都を出て若狭国小浜の港から、能登、富山の浦を経て、佐渡南岸の大田浦までの舟路のさまを謡った「若州」「海路」の二曲に始まり、最初の配処である新保の万福寺のさまを謡った「配処」、京極為兼《ためかね》の配処であった八幡宮の時鳥《ほととぎす》を謡った「時鳥」、「下くぐる……」「樒摘《しきみつ》む……」「薪《たきぎ》こる……」の和歌を踏まえて順徳天皇の泉の配処のありさまを謡った「泉」、合戦が起ったため配処を移された泉で、十社の神殿への参拝を謡った「十社」、末尾の「北山」はやや長く、白山権現を祀る北山をもつ北海の佐渡の島は、熊野権現を祀る南山をもつ南海の淡路島とともに、伊奘諾《いざなき》・伊奘冊《いざなみ》の神代から海の四方を守護し、日本国を安穏、豊穣に治める神秘な黄金《こがね》の島であると謡われ、山は高く、山にかかる雲、海は深く、海に映える月の光は、語り尽せない。この島に老いた隠遁者として、生きとし生けるものを傷つけず、神・仏にそむくことなく、心静かに暮らそうと謡って閉じる。

曲を閉じて大和猿楽の原点である興福寺・春日神社の神・仏事が想起され、二月初申に薪を炊いて猿楽を修する「薪の神事」を謡った曲が添えられている。

嘉吉元年(一四四一)、義教が暗殺された。世阿弥の消息は知れない。赦免され、帰洛して、嘉吉三年(一四四三)八月八日、八十一歳で死没したと伝えられる。

五喜田雅仁さんに原稿整理、語句索引などのお世話になりました。感謝いたします。

主要語句索引

語句は本文のみから抽出し、旧仮名づかいで五十音順にした。

き

く

け

こ

さ

し

す

せ

そ

た

ち

つ

て

と

な

に

ぬ

ね

の

ま

み

む

め

も

や

ゆ

よ

ら

り

れ

わ

ゐ

ゑ

を

本書は「ちくま学芸文庫」のために新たに校訂・訳出し、解説を書き下ろしたものである。

ちくま学芸文庫

風《ふう》姿《し》花《か》伝《でん》

二〇一九年十二月十日　第一刷発行

著者　世阿弥（ぜあみ）
校注・訳　佐藤正英（さとう・まさひで）
発行者　喜入冬子
発行所　株式会社　筑摩書房
東京都台東区蔵前二―五―三　〒一一一―八七五五
電話番号　〇三―五六八七―二六〇一（代表）
装幀者　安野光雅
印刷所　株式会社精興社
製本所　株式会社積信堂

ISBN978-4-480-09962-4 C0110